企业财务会计实训

主　编　邵　婷

副主编　丁希宝　李　琳　刘俊杰

清华大学出版社

北京

内 容 简 介

本书是《企业财务会计》的配套用书。全书分为14个项目：会计核算基本要求，货币资金核算能力，应收与预付款项核算能力，存货核算能力，金融资产核算能力，长期股权投资核算能力，固定资产核算能力，无形资产核算能力，流动负债核算能力，非流动负债核算能力，所有者权益核算能力，收入、费用和利润核算能力，财务会计报告编制能力和特殊会计业务处理能力。每个项目包括学习目标、学习指导、重点与难点、同步强化练习题，其中项目二～十四的同步强化练习题包含两部分：第一部分为知识能力测试，第二部分为业务能力测试。

本书可作为高职高专院校财经类专业教材，也可作为初级会计师专业技术资格考试参考书，还可供中小企业会计主管和财务工作者使用。

图书在版编目(CIP)数据

企业财务会计实训 / 邵婷主编. —北京：清华大学出版社，2022.1

ISBN 978-7-302-59680-6

Ⅰ.①企…　Ⅱ.①邵…　Ⅲ.①企业管理—财务会计　Ⅳ.①F275.2

中国版本图书馆 CIP 数据核字(2021)第 263039 号

责任编辑：王　定
封面设计：常雪影
版式设计：孔祥峰
责任校对：马遥遥
责任印制：刘海龙

出版发行：清华大学出版社
　　　　网　　　址：http://www.tup.com.cn，http://www.wqbook.com
　　　　地　　　址：北京清华大学学研大厦 A 座　　　　邮　　编：100084
　　　　社 总 机：010-62770175　　　　　　　　　　邮　　购：010-62786544
　　　　投稿与读者服务：010-62776969，c-service@tup.tsinghua.edu.cn
　　　　质 量 反 馈：010-62772015，zhiliang@tup.tsinghua.edu.cn
印 装 者：小森印刷霸州有限公司
经　　销：全国新华书店
开　　本：185mm×260mm　　　印　　张：10.25　　　字　　数：256 千字
版　　次：2022 年 3 月第 1 版　　　印　　次：2022 年 3 月第 1 次印刷
定　　价：39.80 元

产品编号：093949-01

　　"企业财务会计"是会计专业的核心课程，主要培养学生遵循《企业会计准则——基本准则》和《企业会计准则——具体准则》进行资产、负债、所有者权益、收入、费用、利润核算，以及编制财务报告的能力。

　　本书是《企业财务会计》(ISBN 978-7-302-59681-3)的配套用书。《企业财务会计》一书共有 14 个项目，本书基于《企业财务会计》的内容，帮助学生掌握进行资产、负债、所有者权益、收入、费用、利润核算的能力，以及编制财务报告的能力，帮助学生系统地认识企业主要经济业务的核算。每个项目包括学习目标、学习指导、重点与难点、同步强化练习题，其中，项目二～十四的同步强化练习题包含两部分，第一部分为知识能力测试，第二部分为业务能力测试。

　　本书由长期担任财务会计教学并具有丰富实践经验的双师素质教师编写，邵婷任主编，丁希宝、李琳、刘俊杰任副主编。其中，李琳编写项目一、五，封尊伟编写项目二，刘俊杰编写项目三、四，丁希宝编写项目六、七、十三，杨淑华编写项目八，李巧玲编写项目九，邵婷编写项目十、十二、十四，刘绪国编写项目十一。全书由邵婷、丁希宝负责统稿。

同步强化训练参考答案

　　本书免费提供同步强化训练参考答案，读者可扫二维码获取。

　　由于编者水平有限，书中难免存在疏漏或不足，敬请使用本书的师生与读者批评指正，以期修订时改进。

编　者

2021 年 10 月

目录

项目一 　 会计核算基本要求

【学习目标】

通过本项目的学习，学生应了解企业财务会计的内涵；掌握企业财务会计核算的基本假设和核算基础、会计信息质量要求；掌握企业财务会计的确认和计量方法；了解我国企业会计准则框架，为熟练处理企业的日常经济业务奠定基础。

【学习指导】

本项目主要介绍会计基本准则的主要内容，理论性较强。通过本项目的学习，为后续各项目中会计要素的确认、计量、记录和报告奠定了理论基础。

(1) 会计是以货币为主要计量单位，采用专门方法和程序，对企业和行政单位、事业单位的经济活动进行完整的、连续的、系统的核算和监督，以提供经济信息和反映受托责任履行情况为主要目的的经济管理活动。

(2) 会计基本假设是企业会计确认、计量和报告的前提，是对会计核算所用的时间和所处的空间所做的合理设定。会计基本假设包括会计主体、持续经营、会计分期和货币计量四个方面。

(3) 会计信息质量要求是对企业财务报告中所提供的会计信息质量的基本要求，是使财务报告中所提供会计信息对使用者决策有用所应具备的基本特征，包括可靠性、相关性、可理解性、可比性、实质重于形式、重要性、谨慎性和及时性。

(4) 会计要素是指按照交易或事项的经济特征所做的基本分类，分为两类：反映企业财务状况的会计要素，如资产、负债和所有者权益；反映企业经营成果的会计要素，如收入、费用和利润。

(5) 会计计量是指根据一定的计量标准和计量方法，记录并在会计主体资产负债表和利润表中确认与列示会计要素而确认其金额的过程。会计计量属性主要包括历史成本、重置成本、可变现净值、现值及公允价值。

【重点与难点】

(1) 企业财务会计的内涵。

(2) 企业财务会计的基本假设。

(3) 企业财务会计信息质量要求。

(4) 企业财务会计的确认与计量。

【同步强化练习题】

知识能力测试

一、单项选择题

1. 下列各项中，对会计核算基本前提表述恰当的是(　　)。

　　A. 持续经营和会计分期确定了会计核算的空间范围

　　B. 一个会计主体必然是一个法律主体

　　C. 货币计量为会计核算提供了必要的手段

　　D. 会计主体确立了会计核算的时间范围

2. 确立会计核算空间范围所依据的会计核算基本前提是(　　)。

　　A. 会计主体　　　　B. 会计分期　　　　C. 持续经营　　　　D. 货币计量

3. 企业应当以实际发生的交易或者事项为依据进行确认、计量和报告，如实反映符合确认和计量要求的各项会计要素及其他相关信息，体现的是(　　)的原则。

　　A. 实质重于形式　　B. 可理解性　　　　C. 可靠性　　　　　　D. 相关性

4. 会计信息质量要求中，要求企业前后期间提供相互可比的会计信息的是(　　)。

　　A. 可比性　　　　　B. 明晰性　　　　　C. 及时性　　　　　　D. 客观性

5. 企业采用的会计处理方法不能随意变更，体现了(　　)会计信息质量要求。

　　A. 谨慎性　　　　　B. 可比性　　　　　C. 客观性　　　　　　D. 重要性

6. 企业将融资租入的固定资产作为自有固定资产管理，体现了会计信息质量要求中的(　　)。

　　A. 可比性　　　　　B. 及时性　　　　　C. 实质重于形式　　D. 谨慎性

7. 下列各项业务中，没有体现谨慎性质量要求的是(　　)。

　　A. 对应收账款计提坏账准备　　　　　　B. 固定资产采用双倍余额递减法计提折旧

　　C. 对固定资产计提减值准备　　　　　　D. 存货按历史成本计量

8. 下列各项中，体现谨慎性要求的是(　　)。

　　A. 存货采用历史成本计价　　　　　　　B. 应收账款计提坏账准备

　　C. 固定资产计提折旧　　　　　　　　　D. 无形资产摊销

9. 企业对交易或者事项进行会计确认、计量和报告应当保持应有的谨慎，不应高估资产或者收益，也不应低估负债或者费用，所反映的是会计信息质量要求中的(　　)。

    A. 重要性　　　　　B. 实质重于形式　　　C. 谨慎性　　　　　D. 及时性

10. 我国《企业会计准则》规定，企业会计的确认、计量和报告应当以(　　)为基础。

    A. 权责发生制　　　B. 实地盘存制　　　　C. 永续盘存制　　　D. 收付实现制

11. 根据资产定义，下列事项中不属于资产特征的是(　　)。

    A. 资产是企业拥有或控制的经济资源　　　B. 资产预期会给企业带来未来经济利益

    C. 资产是由企业过去交易或事项形成的　　D. 资产是投资者投入的

12. 下列各项中，对收入的描述正确的是(　　)。

    A. 在日常活动中形成的、会导致所有者权益增加的、与所有者投入资本无关的经济利益总流入

    B. 销售商品收入、提供劳务收入和让渡资产使用权收入，包括企业代第三方收取的款项

    C. 销售商品收入、提供劳务收入和计入损益的利得

    D. 销售商品收入、直接计入所有者权益的利得和损失、让渡资产使用权收入

13. 下列项目中，能同时使资产和负债发生变化的是(　　)。

    A. 赊购商品　　　　B. 宣告股票股利　　　C. 接受捐赠　　　　D. 收回应收账款

14. 下列经济业务中，能引起公司股东权益总额变动的是(　　)。

    A. 盈余公积弥补亏损　　　　　　　　　B. 股东大会向投资者宣告分配现金股利

    C. 向投资者分配股票股利　　　　　　　D. 用资本公积金转增股本

15. 下列项目中，不符合费用定义的是(　　)。

    A. 广告费用　　　　　　　　　　　　　B. 处置固定资产净损失

    C. 业务招待费　　　　　　　　　　　　D. 质量保证费

16. 资产按照购置资产时所付出的对价的公允价值计量，其会计计量属性是(　　)。

    A. 重置成本　　　　B. 可变现净值　　　　C. 公允价值　　　　D. 历史成本

二、多项选择题

1. 下列各项中，属于资产范围的是(　　)。

    A. 库存商品　　　　　　　　　　　　　B. 周转材料

    C. 经营租出的设备　　　　　　　　　　D. 预收货款

    E. 预付货款

2. 下列各项中，符合谨慎性会计信息质量要求的有(　　)。

    A. 将融资租赁的固定资产作为自有固定资产入账

    B. 固定资产期末发生减值，计提减值准备

    C. 固定资产采用年限平均法计提折旧

    D. 固定资产采用双倍余额递减法计提折旧

    E. 固定资产采用年数总和法计提折旧

3. 下列各项中，不属于利得的有(　　)。

    A. 出租无形资产取得的收益　　　　　　　B. 出售无形资产取得的净收益

    C. 出租固定资产取得的收益　　　　　　　D. 出售固定资产取得的净收益

    E. 出售库存商品取得的收入

4. 反映企业经营成果的会计要素包括(　　)。

    A. 收入　　　　　　B. 费用　　　　　　C. 资产　　　　　　D. 所有者权益

    E. 利润

5. 下列各项中，体现实质重于形式要求的有(　　)。

    A. 固定资产计提折旧

    B. 将融资租赁的固定资产作为自有固定资产入账

    C. 无形资产进行摊销

    D. 售后回租

    E. 售后回购

6. 下列业务事项中，可以引起资产和负债同时变化的有(　　)。

    A. 计提存货跌价准备　　　　　　　　　　B. 收回前欠货款

    C. 预付采购货款　　　　　　　　　　　　D. 取得长期借款

    E. 偿还前欠货款

7. 下列各项中，属于会计基本假设的有(　　)。

    A. 历史成本　　　　B. 持续经营　　　　C. 会计主体　　　　D. 会计分期

    E. 可比性

8. 下列各项中，属于会计计量属性的有(　　)。

    A. 历史成本　　　　B. 重置成本　　　　C. 可变现净值　　　　D. 现值

    E. 公允价值

9. 下列各项中，属于会计信息质量要求的有(　　)。

    A. 可靠性　　　　　B. 可理解性　　　　C. 可比性　　　　D. 谨慎性

    E. 历史成本

10. 下列经济业务事项中，不违背可比性要求的有(　　)。

    A. 由于本年利润计划完成情况不佳，决定暂停无形资产的摊销

    B. 鉴于2007年开始执行新准则，将发出存货计价方法由后进先出法改为先进先出法

    C. 由于固定资产购建完成并达到预定可使用状态，将借款费用由资本化改为费用化核算

    D. 某项专利技术已经丧失使用价值和转让价值，将其账面价值一次性转入当期营业外支出

    E. 如果固定资产所含经济利益的预期实现方式发生了重大改变，企业应当相应改变固定资产折旧方法

三、判断题

1. 会计主体为会计核算提供了空间范围，持续经营为会计核算提供了时间范围。　(　　)

2. 会计政策一经确定后不得变更，符合可比性要求。　　　　　　　　　　　　(　　)

3. 我国《企业会计准则》规定，企业的会计核算应当以权责发生制为基础。（　　）

4. 一个会计主体必然是一个法律主体。（　　）

5. 业务收支以外币为主的企业，也可以选定某种外币为记账本位币，但编制的会计报表应当折算为人民币反映。（　　）

6. 某企业 2×08 年 12 月份发生的经济业务，会计人员在 2×09 年 1 月份才入账，这违背了及时性要求。（　　）

7. 利得是指由企业日常活动所形成的、会导致所有者权益增加的、与所有者投入资本无关的经济利益的流入。（　　）

8. 谨慎性要求不应高估资产或者收益，意味着可以适当低估资产或收益。（　　）

9. 确认会计信息的重要性，很大程度上取决于会计人员的职业判断，企业应当根据其所处环境和实际情况，从项目的性质和金额大小两方面加以判断。（　　）

10. 资产在取得时，历史成本和公允价值一般是一致的，但随着时间的推移，两者出现了不一致。（　　）

四、问答题

1. 什么是会计？

2. 简述会计的四大基本假设？

3. 会计信息质量的基本要求有哪些？

4. 什么是资产？资产有哪些特征？

5. 什么是负债？负债有哪些特征？

6. 什么是收入？收入如何分类？

7. 什么是利得和损失？

8. 会计的计量属性有哪些？

项目二 货币资金核算能力

【学习目标】

通过本项目的学习，学生应掌握货币资金的概念及组成；掌握库存现金、银行存款、其他货币资金的管理规范及核算要求；掌握货币资金内部控制的基本要求；掌握库存现金、银行存款、其他货币资金收支业务的账务处理，库存现金的清查核对，银行存款的清查核对。

【学习指导】

本项目主要介绍库存现金核算、银行存款核算、其他货币资金核算和货币资金内部控制。

(1) 货币资金包括库存现金、银行存款和其他货币资金。

(2) 企业应严格依据国务院颁布的《中华人民共和国现金管理暂行条例》(以下简称《现金管理暂行条例》)管理和使用库存现金。库存现金的核算包括总分类核算与序时核算。库存现金应日清月结，定期或不定期地清查。清查中发现的有待查明原因的库存现金短缺或溢余，应通过"待处理财产损溢——待处理流动资产损溢"科目核算。

(3) 银行存款的管理必须严格遵守《支付结算办法》有关规定，银行存款收支的核算包括总分类核算和序时核算。企业应按期对账，在将银行存款日记账的记录同银行对账单进行逐笔核对时，如果出现双方余额不一致，除记账错误外，还可能是由于未达账项引起的。对于核对账目过程中发现的未达账项，由出纳人员编制"银行存款余额调节表"进行调节。

(4) 其他货币资金主要包括外埠存款、银行汇票存款、银行本票存款、信用卡存款、在途货币资金、信用证存款、存出投资款等。

(5) 货币资金内部控制主要包括：①岗位分工及授权批准；②现金和银行存款的管理；③票据及有关印章的管理；④监督与检查。

【重点与难点】

(1) 库存现金、银行存款、其他货币资金的管理规范及核算要求。

(2) 库存现金、银行存款、其他货币资金收支业务的账务处理。

(3) 库存现金的清查核对。

(4) 银行存款的清查核对。

【同步强化练习题】

第一部分 知识能力测试

一、单项选择题

1. 下列各项中，不属于货币资金特点的是( )。
   A. 普遍可接受性　　B. 是最重要的资产　C. 货币形态存在　　D. 最强的流动性

2. 下列各项中，不属于货币资金的是( )。
   A. 备用金　　　　　B. 库存现金　　　　C. 银行存款　　　　D. 其他货币资金

3. 一般情况下，下列可以用现金支付的是( )。
   A. 支付的材料款　　B. 支付的税金　　　C. 发给职工的工资　D. 支付的办公用品款

4. 内部各部门周转使用的备用金，可以通过( )科目核算。
   A. "银行存款"　　　B. "应收账款"　　　C. "其他应收款"　　D. "预付账款"

5. 关于库存现金长款，无法查明原因应计入( )科目。
   A. "其他业务收入"　　　　　　　　　B. "营业外收入"
   C. "冲减营业外支出"　　　　　　　　D. "其他应付款"

6. 关于库存现金短款，无法查明原因应计入( )科目。
   A. "其他应收款"　　　　　　　　　　B. "营业外支出"
   C. "其他业务支出"　　　　　　　　　D. "管理费用"

7. 下列不属于现金支付业务的原始凭证的是( )。
   A. 车票、船票　　　B. 付款凭证　　　　C. 工资单　　　　　D. 借款收据

8. 支票的付款期限为( )天。
   A. 10　　　　　　　B. 20　　　　　　　C. 30　　　　　　　D. 60

9. 银行本票付款期限最长不得超过( )。
   A. 6个月　　　　　B. 2个月　　　　　C. 30天　　　　　　D. 1个月

10. 银行汇票结算方式的付款期限为( )。
    A. 1个月　　　　　B. 2个月　　　　　C. 3个月　　　　　D. 6个月

11. 根据内部控制制度的要求，出纳人员不可以( )。
    A. 登记现金和银行存款日记账
    B. 保管库存现金和各种有价证券
    C. 保管会计档案
    D. 保管空白收据、空白支票及有关印章

12. 下列各项中，不属于其他货币资金的有(　　)。

    A. 银行本票　　　　B. 银行汇票　　　　C. 商业汇票　　　　D. 在途货币资金

13. 托收承付结算方式需要通过(　　)科目核算。

    A. "应收账款"　　B. "预收账款"　　C. "应收票据"　　D. "其他货币资金"

14. (　　)结算方式只适用于需要在同一票据交换区域支付各种款项的单位和个人。

    A. 银行汇票　　　　B. 银行本票　　　　C. 商业汇票　　　　D. 汇兑

15. 企业日常经营活动的资金收付通过(　　)办理。

    A. 基本存款账户　　B. 专用存款账户　　C. 一般存款账户　　D. 临时存款账户

二、多项选择题

1. 货币资金包括(　　)。

    A. 库存现金　　　　B. 备用金　　　　　C. 银行存款　　　　D. 其他货币资金

2. 下列行为中，可以用现金支付的有(　　)。

    A. 支付给职工的工资　　　　　　　　B. 支付出差人员的差旅费

    C. 支付办公用品款752元　　　　　　D. 支付向供销社采购农副产品的款项10万元

3. 下列结算方式中，同城、异地均可使用的结算方式有(　　)。

    A. 委托收款　　　　B. 银行本票　　　　C. 银行汇票　　　　D. 托收承付

4. 下列项目中，在其他货币资金中核算的有(　　)。

    A. 汇往采购地采购专户的款项　　　　B. 银行签发银行汇票

    C. 信用证存款　　　　　　　　　　　D. 银行签发银行本票

5. 下列结算方式中，应在应收账款中核算的有(　　)。

    A. 银行汇票　　　　B. 委托收款　　　　C. 商业汇票　　　　D. 托收承付

6. 银行存款日记账的核对工作主要包括(　　)。

    A. 银行存款日记账与银行存款收款、付款凭证互相核对

    B. 银行存款日记账与银行存款总账互相核对

    C. 银行存款日记账与收付款单位进行核对

    D. 银行存款日记账与银行开出的银行存款对账单互相核对

7. 由于银行存款收支凭证在企业、银行间传递需要一定的时间，因而在同一日期同一笔业务会出现一方已入账，另一方未入账的情况，这种情况包括(　　)。

    A. 银行已记企业存款增加，而企业尚未收到收款通知

    B. 银行已记企业存款减少，而企业尚未收到付款通知

    C. 企业已记银行存款增加，而银行尚未办妥入账手续

    D. 企业已记银行存款减少，而银行尚未支付入账的款项

8. 下列各项中，符合银行存款管理规范的有(　　)。

    A. 一个企业只能选择一家银行的一个营业机构开立一个基本存款账户

    B. 日常转账结算和现金存取通过基本存款账户办理

    C. 企业支付款项时，存款账户内必须有足够的资金

    D. 不准出租、出借银行账户

9. 下列各项中，符合货币资金内部控制管理要求的是(　　)。

    A. 严格职责分工 　　　　　　　　　　B. 实行交易分开

    C. 实施内部稽核 　　　　　　　　　　D. 实施定期轮岗制度

10. 下列情况中，违背严格职责分工的控制原则的是(　　)。

    A. 由出纳人员兼任收入总账和明细账的登记工作

    B. 由出纳兼任收入与费用的相关账务核算工作

    C. 由出纳人员兼任会计档案保管工作

    D. 由出纳人员保管签发支票所需的全部印章

11. 企业进行库存现金清查时发现库存现金短缺 100 元，报经批准后应由出纳员赔偿。有关账务处理正确的是(　　)。

    A. 借：待处理财产损溢　　100　　　　B. 借：其他应收款　　　　　　100

          贷：库存现金　　　　　100　　　　　　　贷：库存现金　　　　　　100

    C. 借：营业外支出　　　　100　　　　D. 借：其他应收款　　　　　　100

          贷：库存现金　　　　　100　　　　　　　贷：待处理财产损溢　　　100

12. 库存现金盘盈的账务处理中，可能贷记的科目有(　　)。

    A. "管理费用"　　　B. "营业外收入"　　　C. "销售费用"　　　D. "其他应付款"

13. 下列各项中，属于库存现金支出的原始凭证有(　　)。

    A. 工资单　　　　　　B. 借款收据　　　　C. 差旅费报销单　　　D. 付款凭证

14. 采购员报销差旅费涉及的账户有(　　)。

    A. 其他应收款　　　　B. 库存现金　　　　C. 其他应付款　　　　D. 管理费用

15. 下列各项中，符合库存现金保管制度的是(　　)。

    A. 超过库存限额的现金应在当日下班前送存银行

    B. 超过库存限额的现金应在次日下班前送存银行

    C. 限额内的库存现金下班后可以自由存放在出纳员的抽屉内过夜

    D. 限额内的库存现金下班后必须存放在保险柜内

16. 下列各项中，符合库存现金收支规定的是(　　)。

    A. 企业的库存现金收入当日必须送存银行　B. 一般不允许坐支

    C. 提现时开具现金支票　　　　　　　　D. 库存现金应采用实地盘点

17. 下列说法中，不正确的是(　　)。

    A. 结算起点为2000元

    B. 库存现金限额一般为企业4~5天的正常开支需要量

    C. 企业绝对不可以坐支库存现金

    D. 库存现金盘点时，出纳必须在场

18. 下列项目中，(　　)属于库存现金的使用范围。

    A. 工资性津贴　　　B. 抚恤金　　　C. 个人劳务报酬　　　D. 大额购货款

19. 下列项目中，通过"其他货币资金"账户核算的有(　　)。

    A. 外埠存款　　　　B. 银行本票存款　　　C. 银行汇票存款　　　D. 商业汇票

20. 银行存款支出日记账对应的借方账户可能是( )账户。

    A. "库存现金"   B. "应付账款"   C. "原材料"   D. "长期借款"

21. 商业汇票按承兑人不同可以分为( )。

    A. 定额汇票   B. 非定额汇票   C. 商业承兑汇票   D. 银行承兑汇票

三、判断题

1. 货币资金按其存放的地点和用途不同，可分为库存现金、银行存款和其他货币资金。

                                       ( )

2. 按照规定，单位库存现金的支出应由出纳人员一人办理。   ( )

3. 坐支一律禁止。   ( )

4. 库存现金限额一般按照单位 5～15 天日常零星开支所需库存现金确定。 ( )

5. 库存现金的核算包括总分类核算与序时核算。   ( )

6. 如果拨付备用金、收回备用金通过"其他应收款"科目核算，按报销金额补足备用金，不再通过"其他应收款"科目核算。   ( )

7. 对库存现金情况定期或不定期地进行清查。一般来说，清查小组清查库存现金多采用突击盘点方法，不预先通知出纳员。   ( )

8. 出纳员可以登记固定资产明细账。   ( )

9. 银行汇票和商业汇票使用灵活、票随人到，都通过"其他货币资金"科目核算。( )

10. 商业承兑汇票由付款人承兑，银行承兑汇票由银行承兑。   ( )

11. 银行存款日记账的记录同银行对账单进行逐笔核对时，如果发现双方余额不一致，调节后相符，应依照"银行存款余额调节表"调整银行存款账。   ( )

12. 银行存款余额调节表调节后的余额既不是企业银行存款日记账的余额，也不是银行对账单的余额，它是企业银行存款的真实数字。   ( )

13. 企业在银行的其他存款，如外埠存款、银行汇票存款、银行本票存款、信用证存款等，在"其他货币资金"账户核算，也可以通过"银行存款"账户核算。   ( )

14. 就性质而言，其他货币资金同库存现金和银行存款一样均属于货币资金，但是存放地点和用途不同于库存现金和银行存款。   ( )

15. 银行存款的清查要做到银行存款余额调节表中双方余额相等为止。   ( )

16. 采用托收承付结算方式的每笔金额起点为 1000 元。   ( )

17. 商业承兑汇票到期日，付款人账户不足支付时，其开户银行应代为付款。 ( )

18. 企业平时核对银行存款只需要以银行对账单为准。   ( )

19. 企业的出纳员既要登记现金日记账，又要登记现金总账。   ( )

20. 基本存款账户是办理企业日常结算和现金收付业务的账户。   ( )

四、问答题

1. 《现金管理暂行条例》规定，开户单位可以使用库存现金的范围是什么？

2. 什么是坐支？

3. 国家规定的银行结算方式有哪些？

4. 什么是未达账项？发生未达账项的情况有哪些？

5. 什么是其他货币资金？其他货币资金主要有哪些？

第二部分　业务能力测试

1. A 公司 2×09 年 6 月 1 日库存现金日记账余额 6 000 元，2×09 年 6 月 1 日发生下列业务：

(1) 将现金 5 000 元存入银行，记账凭证为现付字 1 号。

(2) 提取现金 900 元，记账凭证为银付字 2 号。

(3) 张华出差预借差旅费 1 000 元，记账凭证为现付字 3 号。

(4) 提取现金 1 000 元，记账凭证为银付字 4 号。

(5) 用现金支付给张强、王良培训费各 500 元，总计 1 000 元，记账凭证为现付字 5 号。

要求：编制会计分录并登记库存现金日记账(见表 2-1)。

表 2-1　库存现金日记账　　　　第　页

2×09 年		凭证号数	摘要	对方科目	借方	贷方	余额
月	日						
6	28	…	…	…	86 000	80 000	6 000
			本日合计				

2. 黄河工厂 2×09 年 3 月 31 日银行存款科目和银行对账单余额均为 54 500 元。该厂 2×09 年 4 月份发生如下经济业务：

(1) 1 日，向新兴公司购买 A 材料 30 吨，计价款 4 500 元，增值税进项税额 585 元，以 6734#转账支票支付，材料已验收入库。

(2) 1 日，向东南工厂销售甲产品 5 件，价款 10 000 元，增值税销项税额 1 300 元，收到 1302#银行汇票，存入银行。

(3) 1 日，本厂职工王伟因公出差，借支差旅费 600 元，开出 1732#现金支票付讫。

(4) 1 日，从市百货公司购买办公用品一批计 985 元，取得普通发票，用 6735#转账支票支付，办公用品交厂部使用。

(5) 1 日，经银行同意，以 4184#信汇凭证汇往上海工商银行款项 5 000 元，开立采购专户。

(6) 1 日，售东南工厂乙产品 10 件，价款 2 000 元，增值税销项税额 260 元，收到 5603#转账支票一张，已送存银行。

(7) 6 日，由向阳工厂购入 B 材料，价款 1 500 元，增值税进项税额 195 元，以 6736#转账支票付讫，材料已验收入库。

(8) 8日，开出1733#现金支票提现500元备用。

(9) 9日，开出4185#信汇凭证支付前欠向阳工厂货款5 200元。

(10) 10日，接到银行转来自来水公司872#委托收款凭证通知，付水费400元。其中，厂部耗用200元，车间耗用200元，不考虑增值税。

(11) 11日，接到4月上旬银行对账单(见表2-2)。

表2-2　中国工商银行对账单

户名：黄河工厂　　　　　　　　　　账号：45622211210　　　　　　　　　　单位：元

日期	结算方式	结算号	借方	贷方	余额
2×09年4月1日	期初余额				54 500.00
2×09年4月1日	转账支票	6734	5 085.00		49 415.00
2×09年4月1日	转账支票	6735	985.00		48 430.00
2×09年4月1日	现金支票	1732	600.00		47 830.00
2×09年4月1日	信汇	4184	5 000.00		42 830.00
2×09年4月1日	汇票	1302		11 300.00	54 130.00
2×09年4月6日	转账支票	6736	1 695.00		52 435.00
2×09年4月9日	信汇	4185	5 200.00		47 235.00
2×09年4月9日	托收	913#		10 200.00	57 435.00
2×09年4月10日	委托收款	872#	400.00		57 035.00
2×09年4月10日	转账支票	6737#	1 500.00		55 535.00
合计			20 465.00	21 500.00	55 535.00

要求：编制会计分录、登记银行存款日记账(见表2-3)、编制银行存款余额调节表(见表2-4)。

表2-3　银行存款日记账

2×09年		凭证号数	摘要	结算凭证		对方科目	借方	贷方	余额
月	日			种类	号数				

表 2-4　银行存款余额调节表

2×09 年 4 月 11 日　　　　　　　　　　　　　　　　单位：元

项目	金额	项目	金额
银行存款日记账余额		银行对账单余额	
加：银行已收，企业未收款		加：企业已收，银行未收款	
减：银行已付，企业未付款		减：企业已付，银行未付款	
调节后存款余额		调节后存款余额	

3. 长江企业发生如下经济业务：

(1) 委托银行开出银行汇票 50 000 元，采购员张宇持汇票到采购地采购材料。

(2) 企业在外地开立采购专户，委托银行汇款 100 000 元到采购专户。

(3) 张宇采购结束，材料价款为 45 000 元，增值税 5 850 元，货款共 50 850 元。企业已用银行汇票支付 50 000 元，差额 850 元采用汇兑结算方式补付，材料已验收入库。

(4) 李杨在外地采购结束，乙材料价款为 80 000 元，增值税 10 400 元，款项共 90 400 元，材料已验收入库。同时接到银行多余款收账通知，退回余款 9 600 元。

(5) 企业委托银行开出银行本票 20 000 元，有关手续已办妥。

(6) 企业购买办公用品 2 300 元，用信用卡付款。收到银行转来的信用卡存款的付款凭证及所附账单，经审核无误。

要求：根据以上经济业务编制会计分录。

4. 大华公司 2×10 年 12 月份发生如下业务：

(1) 销售商品一批给 B 企业，价款为 20 000 元，增值税为 2 600 元。委托银行收款，款项已经收到。

(2) 销售商品一批给 C 企业，价款为 10 000 元，增值税为 1 300 元，收到转账支票一张。

(3) 归还前欠 D 公司的材料款 50 000 元。

(4) 汇往天津 10 000 元，开立采购专户。

(5) 在天津采购原材料一批，价款为 8 000 元，增值税为 1 040 元，多余款项转回本企业开户行，材料已验收入库。

(6) 从银行提取库存现金 50 000 元备发工资。

(7) 银行代为支付本季度的生产用水电费 2 000 元。

要求：编制上述业务的相关分录。

5. 某企业 2×10 年 5 月 31 日银行存款日记账余额 476 000 元，银行对账单余额 486 000 元。经逐笔核对，发现有以下几笔未达账项：

(1) 企业偿还 A 公司货款 50 000 元已登记入账，但银行尚未登记入账；

(2) 企业收到销售商品款 70 200 元已登记入账，但银行尚未登记入账；

(3) 银行已划转电费 9 800 元登记入账，但企业尚未收到付款通知单、未登记入账；

(4) 银行已收到外地汇入货款 40 000 元登记入账，但企业尚未收到收款通知单、未登记入账。

要求：根据上述资料填制银行存款余额调节表(见表 2-5)(1)～(6)。

表 2-5 银行存款余额调节表

2×10 年 5 月 31 日　　　　　　　　　　　　　　　　单位：元

项目	金额	项目	金额
银行存款日记账余额	476 000	银行对账单余额	486 000
加：银行已收，企业未收款	(1)	加：企业已收，银行未收款	(2)
减：银行已付，企业未付款	(3)	减：企业已付，银行未付款	(4)
调节后存款余额	(5)	调节后存款余额	(6)

项目三 应收与预付款项核算能力

【学习目标】

通过本项目的学习，学生应掌握应收账款、应收票据、预付账款及其他应收款的核算内容和核算方法；掌握坏账损失的确认、坏账准备的计提及相关会计处理方法；掌握应收股利和应收利息的核算方法。

【学习指导】

本项目主要介绍应收票据核算、应收账款核算和其他应收款项核算。

(1) 应收与预付款项包括应收票据、应收账款、其他应收款、预付账款、应收股利和应收利息等。

(2) 应收票据是指企业因销售商品、提供劳务等而收到的商业汇票。应收票据应区分带息票据和不带息票据，分别核算。

(3) 应收账款是指企业在正常的生产经营过程中，由于销售商品、产品或提供劳务等应向客户收取的款项。应收账款应采用总价法(即不含商业折扣，而含现金折扣)入账，发生的现金折旧计入财务费用。

(4) 坏账是指企业无法收回的应收账款，由此而产生的损失称为坏账损失。我国《企业会计准则——基本准则》规定，企业只能采用备抵法核算坏账损失，应设置"坏账准备"科目。企业采用备抵法核算坏账损失时，首先应按期估计坏账损失。估计坏账损失的方法有应收款项余额百分比法、账龄分析法和销货百分比法。

(5) 其他应收款是企业除应收票据、应收账款和预付账款等经营活动以外的其他各种应收、暂付款项。备用金是指付给单位内部各部门或工作人员用作零星开支、零星采购或差旅费等的款项。对于借用的备用金，可以通过"其他应收款——备用金"账户来核算，也可以单独设置"备用金"账户。

(6) 预付账款是指按照购货或劳动合同，预先支付给供应方的账款。预付账款业务较少的企业，也可以不设"预付账款"科目，将预付的货款计入"应付账款"科目的借方。

(7) 应收股利是指企业因股权投资而应向被投资单位收取的现金股利和企业应收其他单位的利润等；应收利息是指企业因债权投资而应该收取的利息。

【重点与难点】

(1) 应收与预付款项业务判断及会计处理。

(2) 估计坏账损失、确认坏账及会计处理。

(3) 其他应收款的会计处理。

【同步强化练习题】

第一部分 知识能力测试

一、单项选择题

1. 企业将持有的不带息商业汇票向银行申请贴现，支付给银行的贴现利息应计入的会计科目是(   )。

    A. "财务费用"   B. "管理费用"   C. "投资收益"   D. "营业外支出"

2. 某公司 1 月 1 日销货一批，收到一张面值为 40 000 元、期限为 3 个月的商业承兑汇票，票面年利率为 6%，则该票据的到期值为(   )元。

    A. 40 600   B. 40 100   C. 40 010   D. 41 200

3. 上题中，若该公司 2 月 1 日将该票据向银行贴现，贴现率为 9%，该票据的贴现实得金额为(   )元。

    A. 39 991   B. 36 400   C. 39 400   D. 39 700

4. 对于到期未能收回的带息应收票据，收款单位应将本息转入(   )账户处理。

    A. "应收账款"   B. "预付账款"   C. "应付账款"   D. "其他应收款"

5. 对于已贴现的商业承兑汇票(附追索权)，承兑人和申请贴现企业的银行存款不足时，申请贴现单位在收到银行逾期贷款处理通知时，做(   )会计分录。

    A. 借：应收票据   B. 借：应收账款

          贷：银行存款   贷：应收票据

    C. 借：应收账款   D. 借：应收票据

          贷：短期借款   贷：短期借款

6. 下列项目中，属于应收账款核算范围的是(   )。

    A. 职工借款

    B. 采购员出差预借差旅费

    C. 因商品交易而发生的应收商品价款和代垫运费款项

    D. 支付给供货单位的包装物押金

7. 下列各项中，在确认销售收入时不影响应收账款入账金额的是(　　)。

　　A. 销售价款

　　B. 增值税销项税额

　　C. 现金折扣

　　D. 销售产品代垫运杂费

8. 某企业销售商品一批，增值税专用发票上注明的价款为60万元，适用的增值税税率为13%，为购买方代垫运杂费2万元，款项尚未收回。该企业确认的应收账款为(　　)万元。

　　A. 60　　　　　　B. 62　　　　　　C. 67.8　　　　　　D. 69.8

9. 为了鼓励购买者多买而在价格上给予的一定折扣称为(　　)。

　　A. 商业折扣　　　B. 现金折扣　　　C. 销售折让　　　D. 削价处理

10. 企业发生的现金折扣应借记(　　)账户。

　　A. "管理费用"

　　B. "财务费用"

　　C. "主营业务成本"

　　D. "销售费用"

11. 采用备抵法核算坏账的企业，提取坏账准备的依据是(　　)。

　　A. 应收票据的余额　　B. 应付账款的余额　　C. 应收账款的余额　　D. 预付账款的余额

12. 某企业赊销商品一批，标价20 000元，商业折扣10%，增值税税率为13%，现金折扣条件为"2/10，1/20，n/30"。企业销售商品时代垫运费400元，若企业按总价法核算，则应收账款的入账金额是(　　)元。

　　A. 20 740　　　　B. 20 000　　　　C. 21 280　　　　D. 23 200

13. "坏账准备"用来调整(　　)账户。

　　A. "管理费用"　　B. "应付账款"　　C. "应收账款"　　D. "主营业务收入"

14. 采用备抵法核算坏账的企业，在实际发生坏账损失时，应借记(　　)账户。

　　A. "管理费用"　　B. "坏账准备"　　C. "银行存款"　　D. "应收账款"

15. A公司于2×02年成立并开始采用应收账款余额百分比法计提坏账准备，计提比率为2%。2×02年年末应收账款余额750万元，2×03年2月确认坏账损失15万元，2×03年11月收回已作为坏账损失处理的应收账款3万元，2×03年年末应收账款余额600万元，该企业2×03年年末提取坏账准备的金额是(　　)万元。

　　A. 9　　　　　　B. 15　　　　　　C. 12　　　　　　D. 3

16. 某企业采用账龄分析法核算坏账。该企业2×02年12月31日应收账款余额为200万元，"坏账准备"科目贷方余额为5万元。2×03年发生坏账8万元，发生坏账回收2万元。2×03年12月31日应收账款余额为120万元(其中未到期应收账款为40万元，估计损失1%；过期1个月的应收账款为30万元，估计损失2%；过期2个月的应收账款为20万元，估计损失4%；过期3个月的应收账款为20万元，估计损失6%；过期3个月以上的应收账款为10万元，估计损失10%)。企业2×03年应提取的坏账准备为(　　)万元。

　　A. 5　　　　　　B. 4　　　　　　C. 3　　　　　　D. −5

17. 2×14年年初，某公司"坏账准备——应收账款"科目贷方余额为3万元，3月20日收回已核销的坏账12万元并入账，12月31日"应收账款"科目余额为220万元(所属明细科目为借方余额)，预计未来现金流量现值为200万元，不考虑其他因素，2×14年年末该公司计提的坏账准备金额为(　　)万元。

　　A. 17　　　　　　B. 29　　　　　　C. 20　　　　　　D. 5

18. 长江公司 2×16 年 2 月 10 日销售商品应收大海公司的一笔应收账款 1 200 万元，2×16 年 6 月 30 日计提坏账准备 150 万元。2×16 年 12 月 31 日，该笔应收账款的未来现金流量现值为 1 100 万元，应计提的坏账准备为(　　)万元。

    A. 250　　　　　　　B. 100　　　　　　　C. −50　　　　　　　D. 0

19. 某企业"坏账准备"科目的年初贷方余额为 4 000 元，"应收账款"和"其他应收款"科目的年初借方余额分别为 30 000 元和 10 000 元。当年，不能收回的应收账款 6 000 元确认为坏账损失。"应收账款"和"其他应收款"科目的年末余额分别为 50 000 元和 20 000 元，假定该企业年末确定的坏账提取比例为 10%。该企业年末应提取的坏账准备为(　　)元。

    A. 9 000　　　　　　B. 3 000　　　　　　C. 5 000　　　　　　D. 7 000

20. 企业为了采购原材料而事先支付的款项称为(　　)。

    A. 应收账款　　　　　B. 预付账款　　　　　C. 应付票据　　　　　D. 其他应收款

21. 不单独设置"预付账款"账户的企业，对其预付给供货单位的货款应计入(　　)。

    A. 应收账款账户的借方　　　　　　　　B. 应付账款账户的借方

    C. 应付账款账户的贷方　　　　　　　　D. 应收账款账户的贷方

22. 设置"预付账款"科目的企业，在收到材料、抵偿预付款时，应做(　　)会计分录，假定不考虑增值税，企业对原材料采用实际成本核算。

    A. 借：预付账款　　　　　　　　　　　B. 借：预付账款
             贷：银行存款　　　　　　　　　　　　　　贷：原材料

    C. 借：原材料　　　　　　　　　　　　　D. 借：原材料
             贷：预付账款　　　　　　　　　　　　　　贷：应付账款

二、多项选择题

1. 应收款项包括(　　)。

    A. 应收账款　　　　　B. 预收账款　　　　　C. 应收票据　　　　　D. 其他应收款

2. 按现行制度规定，不能用"应收票据"及"应付票据"核算的票据包括(　　)。

    A. 银行本票存款　　　B. 银行承兑汇票　　　C. 外埠存款　　　　　D. 商业承兑汇票

3. 某企业收到商业承兑汇票一张，票面金额 30 000 元，票面年利息率为 8%，期限为 3 个月，票据到期后，付款单位未能兑现，企业则应做(　　)的账务处理。

    A. 借记应收账款30 000元

    B. 借记应收账款30 600元

    C. 贷记应收票据30 000元，财务费用600元

    D. 贷记应收票据30 600元，财务费用100元

4. 以下票据贴现的公式中，正确的有(　　)。

    A. 贴现息=票据到期值×贴现率×贴现期

    B. 贴现实收金额=票据到期值-贴现息

    C. 贴现实收金额=票据到期值(1-贴现率×贴现期)

    D. 贴现利息=面值×利率×期限

5. 下列各项中,应通过"应收账款"账户核算的有(　　)。

　　A. 应收销货款

　　B. 应收代垫运杂费

　　C. 未设置"预收账款"账户的企业预收的销货款

　　D. 未设置"预付账款"账户的企业预付的购货款

6. 下列各项中,应列入资产负债表"应收账款"项目的有(　　)。

　　A. 预付职工差旅费　　　　　　　　　B. 代购货单位垫付的运杂费

　　C. 销售产品应收取的款项　　　　　　D. 对外提供劳务应收取的款项

7. 在现金折扣条件下,应收账款计价方法有(　　)。

　　A. 直接转销法　　　　B. 总价法　　　　　C. 净价法　　　　　　D. 备抵法

8. 一般来说,企业的应收款项符合(　　)条件之一的,应确认为坏账。

　　A. 债务人死亡,以其遗产清偿后仍然无法收回

　　B. 债务人破产,以其破产财产清偿后仍然无法收回

　　C. 债务人在较长时间内未履行其偿债义务,并有足够证据表明无法收回或收回的可能性
　　　极小

　　D. 债务人失踪,但可以用其财产清偿

9. 估计坏账损失的主要方法有(　　)。

　　A. 应收账款余额百分比法　　　　　　B. 账龄分析法

　　C. 销货百分比法　　　　　　　　　　D. 应收票据余额百分比法

10. "坏账准备"科目的期末余额(　　)。

　　A. 可能在借方　　　　B. 可能在贷方　　　　C. 可能等于0　　　　D. 一定在贷方

11. 采用备抵法核算坏账损失,体现了(　　)原则。

　　A. 谨慎性原则　　　　　　　　　　　B. 权责发生制原则

　　C. 可理解性原则　　　　　　　　　　D. 实质重于形式原则

12. 企业采用应收款项余额百分比法或账龄分析法计提坏账准备,本期应计入"坏账准备"
科目贷方的项目有(　　)。

　　A. 发生的坏账损失

　　B. 已经作为坏账核销的应收账款又收回

　　C. 期末估计坏账损失大于调整前"坏账准备"科目贷方余额的差额部分

　　D. 期末估计坏账损失小于调整前"坏账准备"科目贷方余额的差额部分

13. 计提坏账准备的应收账款,包括(　　)。

　　A. 不含增值税的价款

　　B. 增值税的销项税额

　　C. 支付的代垫运杂费

　　D. 企业持有的未到期应收票据,如有确凿证据证明不能够收回或收回可能性不大时,
　　　或者已到期的应收票据不能收回,已将其账面余额转入应收账款

14. 按照企业会计制度,以下有关计提坏账准备的范围的表述中,正确的是(　　)。

　　A. 应收账款和其他应收款可计提坏账准备

B. 企业的预付账款，如有确凿证据表明其不符合预付账款性质，或因供货单位破产、撤销等原因已无望再收到所购货物的，应当将原计入预付账款的款项转入其他应收款，并按照规定计提坏账准备

C. 企业持有的未到期应收票据，如有确凿证据证明不能够收回或收回可能性不大时，或者已到期的应收票据不能收回，应将其账面价值转入应收账款，并计提相应坏账准备

D. 除此以外，企业不应对预付账款和应收票据计提相应坏账准备

15. 下列各项业务中，应计入"坏账准备"科目借方的有(　　)。

A. 冲回多提的坏账准备　　　　　　B. 当期确认的坏账损失

C. 当期应补提的坏账准备　　　　　D. 已转销的坏账当期又收回

16. 下列各项中，会引起应收账款账面价值发生变化的有(　　)。

A. 计提坏账准备　　B. 收回应收账款　　C. 转销坏账准备　　D. 收回已转销的坏账

17. 下列各项中，可用其他应收款核算的有(　　)。

A. 备用金　　　　　B. 预付货款　　　　C. 存出保证金　　　　D. 应收赔偿款

18. 下列项目中，可以通过"其他应收款"科目核算的有(　　)。

A. 预付给企业各内部单位的备用金　　　B. 存入保证金

C. 应收的销售商品价款　　　　　　　　D. 应向职工收取的各种垫付款项

三、判断题

1. 企业预付款项给供应单位形成的债权，应在"预付账款"或"应付账款"科目核算。
(　　)

2. 企业需要到外地临时或零星采购，可以将款项通过银行汇入采购地银行，这部分汇入采购地银行的资金应通过"银行存款"科目核算。(　　)

3. 在我国的会计实务中，带息应收票据贴现时，应将其贴现利息直接计入当期损益。
(　　)

4. 企业内部各部门、各单位从财会部门领走的供周转使用的现金不属于企业的库存现金，因此，不应在"库存现金"科目核算。(　　)

5. 企业无论采用什么方法核算坏账损失，其确认坏账的标准都是相同的。(　　)

6. 由于企业应收及预付款项均属于债权，因此都存在发生坏账损失的风险，都应提取一定比例的坏账准备。(　　)

7. 某企业2×08年3月10日签发了一张期限为三个月的商业承兑汇票，其到期日为6月10日。(　　)

8. 已确认为坏账的应收账款并不意味着企业放弃了其追索权，一旦重新收回，应及时入账。
(　　)

9. "坏账准备"账户在期末结账前如为借方金额，反映的是已确认的坏账损失超出坏账准备的余额。(　　)

10. 企业采用汇兑结算时，汇往外地的款项要先通过"其他货币资金——外埠存款"科目核算。(　　)

11. 企业应向职工收取的暂付款项可在"应收账款"科目进行核算。　　　　　　（　　）

12. 预付款项不多的企业，可以将预付的款项直接计入"应付账款"的借方，不设置"预付账款"科目。但在编制会计报表时，要将"预付账款"和"应收账款"的金额分开列示。
　　　　　　（　　）

13. 企业实际发生坏账损失时，应借记"坏账准备"科目，贷记"应收账款"科目。
　　　　　　（　　）

14. 企业采用应收账款余额百分比法计提坏账准备的，期末"坏账准备"科目余额应等于按应收账款余额的一定百分比计算的坏账准备金额。　　　　　　（　　）

15. 按总价法核算存在现金折扣的交易，其实际发生的现金折扣作为当期的财务费用。
　　　　　　（　　）

16. 2×08 年 4 月 5 日，B 企业赊销产品一批，价款 10 万元，增值税税额 1.7 万元，现金折扣条件为"2/10，1/20，n/30"。假设折扣不考虑增值税因素。4 月 12 日，购货单位付款。B 企业应确认财务费用 1 000 元。　　　　　　（　　）

17. 无息票据的贴现所得一定小于票据面值，而有息票据的贴现所得不一定小于票据面值。
　　　　　　（　　）

18. 企业取得应收票据时，无论是否带息，均应按其到期值入账。　　　　　　（　　）

四、问答题

1. 什么是贴现？

2. 什么是应收账款？

3. 简述商业折扣与现金折扣的区别？

4. 什么是坏账？什么是备抵法？

5. 简述其他应收款包含的内容？

第二部分　业务能力测试

1. 新民机械制造有限公司 2×05 年 4 月发生如下经济业务：

(1) 售给甲公司商品一批，价款 5 000 元，增值税税款 650 元，付款条件为"2/10，1/20，n/30"，用银行存款代垫运杂费 300 元。货款尚未收到。计算现金折扣时不考虑增值税及代垫运杂费。

(2) 售给乙公司商品一批，标价 70 000 元，决定给予乙公司商业折扣 10%，适用的增值税税率为 13%，货款尚未收到。

(3) 在销货后的第 15 天，收到甲公司支票一张，偿付业务(1)欠下的所有款项。

(4) 收到乙公司支票一张，计 39 000 元，以偿付其部分账款。

(5) 准备向丙公司购入一批材料，用银行存款预付货款 110 000 元。

(6) 向丙公司购入的材料已运到并验收入库，价款 120 000 元，税款 15 600 元，支付运杂费 900 元，用银行存款补足余款，原材料按实际成本核算。

要求：编制上述经济业务的会计分录。

2. 新民机械制造有限公司 2×05 年 1 月 1 日"坏账准备"账户贷方余额为 1 200 元，2×05 年度共发生以下有关业务：

(1) 应收 A 公司款项 1 500 元因故不能收回，经批准转为坏账。

(2) 收到已作为坏账冲销的 B 公司款项 600 元，款项存入银行。该客户这次来函通知说，B 公司尚欠的 1 000 元，下月可望归还。

(3) 2×05 年年末应收账款的余额为 700 000 元，按应收账款余额的 5‰计提坏账准备。

要求：根据以上资料编制会计分录。

3. 新民机械制造有限公司 2×05 年应收票据有关经济业务如下：

(1) 收到甲公司面值 100 000 元，期限 60 天，年利率 6%的商业承兑汇票一张，偿还所欠贷款。

(2) 将甲公司商业承兑汇票向银行贴现，附追索权，贴现率 7%，贴现天数 30 天。

(3) 销售给乙公司产品一批，计价 20 000 元，增值税税额 2 600 元，乙公司交来一张面值 22 600 元，期限 90 天不带息的银行承兑汇票。

(4) 将乙公司交来的票据向银行贴现，不附追索权，贴现率 7%，贴现天数 45 天。

(5) 接银行通知，前已向银行贴现的甲公司的票据已到期，但由于甲公司无力支付，银行已在新民机械制造有限公司的存款账户中扣款。新民机械制造有限公司已将该票据转为应收账款。

要求：编制以上经济业务的会计分录。

4. 新民机械制造有限公司 2×05 年 6 月发生的部分经济业务如下：

(1) 以银行存款为职工暂垫水电费 3 200 元。

(2) 以银行存款支付租入包装物押金 800 元。

(3) 以现金支付职工刘伟出差预借差旅费 500 元。

要求：编制以上经济业务的会计分录。

5. 新民机械制造有限公司决定对总务科实行定额备用金制度，核定周转使用备用金定额 1 500 元，该公司不设"备用金"账户。2×08 年 1 月发生以下有关的经济业务：

(1) 用现金拨付总务科备用金 1 500 元。

(2) 总务科凭单据报销办公费 270 元，财务部门审核后予以报销，并用现金补足定额。

要求：编制以上经济业务的会计分录。

6. 甲企业为增值税一般纳税人，适用的增值税税率为 13%。2×06 年发生以下经济业务：

(1) 2 月 2 日，向乙企业赊销商品一批，该批商品价税合计为 226 000 元，销售成本为 160 000 元，现金折扣条件为"2/10，n/30"，计算现金折扣时只考虑价款。另以银行存款代垫运杂费 2 000 元。

(2) 3 月 12 日，乙企业用银行存款支付上述代垫运杂费 2 000 元，并开出一张面值为 226 000 元，票面利率为 6%，期限为 6 个月的带息商业承兑汇票偿付业务(1)中的货款和增值税。

(3) 甲企业用银行存款向 A 公司预付材料款 25 000 元。

(4) 甲企业收到 A 公司发来的材料。材料价款为 40 000 元，增值税为 5 200 元。甲企业对材料采用实际成本法核算。

(5) 开出支票补付应付 A 公司补足材料款。

(6) 甲企业租入包装物一批，以银行存款向出租方支付押金 5 000 元。

要求：编制上述业务的会计分录。

7. A 企业为一般纳税企业，2×05 年 10 月 1 日取得应收票据，票据面值为 10 000 元，票面利率为 12%，6 个月期限，利息按月计提；2×06 年 2 月 1 日将该票据背书转让(不附追索权)购进原材料，专用发票注明价款为 12 000 元，进项税额为 1 560 元，差额部分通过银行支付。

要求：

(1) 编制 2×05 年 12 月 31 日计提利息会计分录。

(2) 编制 2×06 年 2 月 1 日背书转让购进原材料会计分录。

8. A 公司为增值税一般纳税企业，适用的增值税税率为 13%。2×08 年 6 月，A 公司发生下列业务：

(1) 3 月 2 日，向 B 公司赊销某商品 100 件，每件标价 200 元，实际售价 180 元(售价中不含增值税)，已开增值税专用发票，商品已交付 B 公司。A 公司代垫运杂费 2 000 元。现金折扣条件为"2/10，1/20，n/30"，计算现金折扣时不考虑增值税和代垫运杂费。该批商品的成本为 15 000 元。

(2) 3 月 4 日，销售给乙公司商品一批，增值税专用发票上注明价款为 20 000 元，增值税税额 2 600 元，乙公司以一张期限为 60 天，面值为 22 600 元的无息商业承兑汇票支付。该批商品成本为 16 000 元。

(3) 3 月 8 日，收到 B 公司 3 月 2 日所购商品货款并存入银行。

(4) 3 月 11 日，A 公司从甲公司购买原材料一批，价款 20 000 元，按合同规定先预付 40% 购货款，其余货款验货后支付。

(5) 3 月 22 日，因急需资金，A 公司将收到的乙公司的商业承兑汇票到银行办理贴现，不附追索权，年贴现率为 6%。

(6) 3 月 22 日，收到从甲公司购买的原材料，并验收入库，余款以银行存款支付。增值税专用发票注明价款 20 000 元，增值税 2 600 元。原材料按实际成本核算。

要求：编制上述业务的会计分录。

9. 甲企业采用应收账款余额百分比法计提坏账准备，计提比例为 0.5%。2×07 年年末坏账准备科目为贷方余额 7 000 元。2×08 年，甲企业应收账款及坏账损失发生情况如下：

(1) 1 月 20 日，收回上年已转销的坏账损失 20 000 元。

(2) 6 月 4 日，获悉应收乙企业的账款 45 000 元，由于该企业破产无法收回，确认坏账损失。

(3) 12 月 31 日，甲企业应收账款余额为 1 200 000 元。

要求：编制 2×08 年上述有关坏账准备的会计分录。

10. 甲公司对应收账款采用备抵法核算坏账损失，按应收账款余额的 5% 计提坏账准备，2×02 年年初"坏账准备"余额为 10 万元，2×02 年年末应收账款余额为 220 万元。2×03 年原应收乙公司货款因破产产生坏账 20 万元，2×03 年年末应收账款余额为 260 万元。在 2×04 年原已确认的丙公司坏账 10 万元收回，2×04 年应收账款余额为 240 万元。

要求：编制以上与坏账有关的会计分录。

项目四 存货核算能力

【学习目标】

通过本项目的学习，学生应了解存货的性质与分类；掌握存货的初始计量和后续计量；掌握存货实际成本计价和计划成本计价的核算；掌握存货清查的核算。

【学习指导】

本项目主要介绍原材料核算、其他存货核算和存货期末计量核算。

(1) 存货是指企业在日常生产经营过程中持有以备出售，或者仍然处在生产过程，或者在生产或提供劳务的过程中将消耗的材料或物料等，包括库存的、加工中的、在途的各类材料、商品、在成品、半成品、产成品、包装物、低值易耗品、委托加工物资等。

(2) 存货在取得时，按照实际成本入账。存货成本包括采购成本、加工成本和使存货达到目前场所和状态所发生的其他成本。采购成本即实际成本，包括买价、运杂费、运输途中的合理损耗等。

(3) 原材料按实际成本计价就是每一种原材料的取得、入库、发出和结存，在总账和明细账中都按原材料的实际成本登记入账，在实际成本下取得原材料通过"原材料"和"在途物资"科目核算。

(4) 计划成本法是指企业存货的收入、发出和结存的总分类核算和明细分类核算均按预先制定的计划成本计价，应设"材料采购""原材料""材料成本差异"科目。

(5) 自制存货包括自制材料、自制半成品和自制商品等，是企业通过生产活动自行加工制造完成并验收入库的存货。为了核算企业自制的各种存货，应设置"自制半成品""生产成本""制造费用""库存商品"等账户。

(6) 委托加工物资的成本应当包括加工中实际耗用物资的成本、支付的加工费用及应负担的运杂费、支付的税金等，应设"委托加工物资"科目核算。

(7) 周转材料，如包装物和低值易耗品等，应设"周转材料——包装物"和"周转材料——

低值易耗品"科目核算。

(8) 资产负债表日，存货应当按照成本与可变现净值孰低法计量。成本与可变现净值孰低法是指对期末存货按照成本与可变现净值两者之中较低者计价的方法。企业确定存货的可变现净值，应当以取得的确凿证据为基础，并且考虑持有存货的目的、资产负债表日后事项的影响等因素。

(9) 企业必须定期或不定期地组织存货的清查，以确定存货的实存数，使账实相符，保证会计资料的可靠。

【重点与难点】

(1) 存货的概念及内容。
(2) 存货初始成本的构成。
(3) 原材料实际成本计价核算。
(4) 原材料计划成本计价核算。
(5) 存货期末计价核算。
(6) 存货清查会计核算。

【同步强化练习题】

第一部分　知识能力测试

一、单项选择题

1. 对存货不多的企业，发出存货一般按(　　)对存货进行计价。

　　A. 个别计价法　　　　B. 后进先出法　　　　C. 售价法　　　　　　D. 计划成本

2. 工业企业外购存货在运输途中的合理损耗应计入(　　)。

　　A. 管理费用　　　　　B. 营业外支出　　　　C. 其他业务成本　　　D. 采购成本

3. A 企业为一般纳税人，委托 C 单位加工 B 材料(非金银首饰)，发出原材料价款 20 000 元，支付加工费 10 000 元，取得的增值税专用发票上注明的增值税税额为 1 300 元，由受托方代收代缴的消费税为 1 000 元，材料已加工完毕并验收入库，款项均已支付。委托方收回后的 B 材料用于连续生产应税消费品，该 B 材料收回时的成本为(　　)元。

　　A. 30 000　　　　　　B. 31 000　　　　　　C. 32 700　　　　　　D. 22 700

4. 乙企业为增值税一般纳税企业，适用的增值税税率为 13%。本月购进原材料 1 000 千克，购买价款为 50 000 元，增值税税额为 6 500 元；发生的保险费为 360 元，入库前的挑选整理费用为 130 元；验收入库时发现数量短缺 1%，经查属于运输途中的合理损耗。乙企业该批原材料实际单位成本为每千克(　　)元。

　　A. 50.64　　　　　　B. 50.87　　　　　　　C. 50　　　　　　　　D. 51

5. 某企业为增值税一般纳税企业，适用的增值税税率为 13%。从外地购入原材料 1 000 吨，收到增值税专用发票上注明的售价为每吨 1 200 元，购买价款共为 1 200 000 元，增值税税额为 156 000 元，另发生运输费 50 000 元(取得增值税专用发票，可按 9%抵扣增值税)，装卸费 10 000 元，途中保险费为 10 000 元。运输途中发生 1%的合理损耗，则该原材料的入账价值为(　　)元。

  A. 1 264 500   B. 1 270 000   C. 1 474 000   D. 1 258 000

6. 下列各项支出中，一般纳税企业不应计入存货成本的是(　　)。

  A. 购入存货时发生的增值税进项税额 B. 入库前的挑选整理费

  C. 购买存货而发生的运输费用   D. 购买存货而支付的进口关税

7. 在物价上涨的情况下，采用先进先出法对存货计价会使企业当期的利润(　　)。

  A. 减少   B. 增加   C. 不变   D. 增加或减少

8. 在物价变动的情况下，采用(　　)计价可使库存材料的价值比较接近市场价格。

  A. 先进先出法 B. 加权平均法 C. 后进先出法 D. 个别计价法

9. 如果存货种类繁多，为简化核算工作，存货可按(　　)进行核算。

  A. 计划成本   B. 实际成本   C. 进价   D. 个别计价

10. 随同产品出售但不单独计价的包装物，应该在发出时将其实际成本计入(　　)。

  A. 营业费用   B. 销售费用   C. 管理费用   D. 主营业务成本

11. "在途物资"账户应该按(　　)计价。

  A. 计划成本   B. 实际成本

  C. 生产成本   D. 计划成本与实际成本之间的差异

12. 发出材料成本差异应从"材料成本差异"账户(　　)转出。

  A. 借方   B. 贷方

  C. 借方或贷方均可   D. 由企业自定借方或贷方

13. 销售甲产品时附带出售包装桶，包装桶单独计价。该批包装桶的成本应计入(　　)。

  A. 生产成本   B. 制造费用   C. 其他业务成本 D. 销售费用

14. 为生产产品领用包装物的成本应计入(　　)。

  A. 生产成本   B. 制造费用   C. 其他业务成本 D. 销售费用

15. 包装产品用的包装纸、绳，应在(　　)账户核算。

  A. "包装物"   B. "原材料"   C. "低值易耗品" D. "库存商品"

16. 材料盘盈时，在报经批准前，应做的账务处理是(　　)。

  A. 借：原材料   B. 借：原材料

     贷：待处理财产损溢   贷：营业外收入

  C. 借：待处理财产损溢   D. 借：待处理财产损溢

     贷：管理费用   贷：营业外收入

17. 盘亏的存货如果由非常灾害造成，经批准，可以转作(　　)。

  A. 经营费用   B. 管理费用   C. 其他业务成本 D. 营业外支出

18. 2×09 年 12 月 25 日，宏达公司与永冠公司签订了一份不可撤销的销售合同，双方约定，2×10 年 3 月 20 日，宏达公司应按每台 62 万元的价格向永冠公司提供乙产品 6 台。2×09 年 12 月 31 日，宏达公司还没有生产该批乙产品，但持有的库存 C 材料专门用于生产该批乙产品 6 台，其成本为 144 万元，市场销售价格总额为 152 万元。将 C 材料加工成乙产品尚需发生加工成本 230 万元，不考虑其他相关税费。2×09 年 12 月 31 日，C 材料的账面价值为(　　)万元。

    A. 144　　　　　　B. 152　　　　　　C. 372　　　　　　D. 142

  19. 企业某种存货的期初实际成本为 200 万元，期初"存货跌价准备"贷方余额 2 万元，本期因销售领用 150 万元，期末估计库存该种存货的可变现净值为 47 万元。则本期应计提存货跌价准备的金额为(　　)万元。

    A. 1　　　　　　　B. 2.5　　　　　　C. 3　　　　　　　D. 5

  20. 大海公司期末存货采用成本与可变现净值孰低法计价，并按照单个存货项目计提存货跌价准备。2×10 年 12 月 31 日，库存 A 产品的成本为 1 400 万元，其可变现净值为 1 300 万元；库存 B 产品的成本为 1 250 万元，其可变现净值为 1 300 万元。假设存货跌价准备期初余额为 0，2×10 年 12 月 31 日，大海公司应计提的存货跌价准备金额为(　　)万元。

    A. 100　　　　　　B. 150　　　　　　C. 50　　　　　　　D. 0

  21. 某增值税一般纳税人因管理不善毁损一批材料，其成本为 16 000 元，增值税进项税额为 2 080 元，收到保险公司赔款 1 500 元，残料收入 200 元，批准后计入管理费用的金额为(　　)元。

    A. 16 380　　　　　B. 14 300　　　　　C. 18 080　　　　　D. 17 700

二、多项选择题

  1. 下列各项资产中，属于企业存货的是(　　)。

    A. 购货单位已交款并开出提货单而尚未提走的商品

    B. 货款已付，正在运输途中的外购材料

    C. 由受托方代销的商品

    D. 尚未投入使用的固定资产

  2. 下列各项中，期末应反映在企业资产负债表"存货"项目的有(　　)。

    A. 生产成本　　　　B. 委托代销商品　　　C. 发出商品　　　D. 材料成本差异

  3. 作为增值税一般纳税人，可列入外购材料采购成本的支出项目有(　　)。

    A. 增值税专用发票上所列的进价　　　　B. 增值税专用发票上所列的税额

    C. 运输费、保险费　　　　　　　　　　D. 入库前的整理费用

  4. 下列属于发出存货计价方法的是(　　)。

    A. 先进先出法　　　　　　　　　　　　B. 移动加权平均法

    C. 个别计价法　　　　　　　　　　　　D. 月末一次加权平均法

  5. 材料按实际成本计价进行核算，一般需要设置的账户有(　　)。

    A. "材料采购"　　　　　　　　　　　　B. "材料成本差异"

    C. "原材料"　　　　　　　　　　　　　D. "在途物资"

  6. 企业购进货物已验收入库，但月底发票单据未到，货款尚未支付，应做的账务处理有(　　)。

    A. 购入材料在验收入库时，按暂估价入账　B. 购入材料月底按暂估价入账

    C. 下月初用红字冲销月末的记录　　　　　D. 收到发票单据时正式入账

  7. 按计划成本核算原材料的企业，月末结转发出原材料的成本差异时的方法是(　　)。

    A. 超支差异用蓝字贷记"材料成本差异"　B. 超支差异用蓝字借记"材料成本差异"

C. 节约差异用红字借记"材料成本差异"   D. 节约差异用红字贷记"材料成本差异"

8. "材料成本差异"账户的借方登记( )。

A. 购入材料的超支额   B. 购入材料的节约额

C. 发出材料应分配的节约额   D. 发出材料应分配的超支额

9. 下列各项中,构成企业委托加工物资成本的有( )。

A. 加工中实际耗用物资的成本   B. 支付的加工费用和保险费

C. 收回后直接销售物资的代收代缴消费税   D. 收回后继续加工物资的代收代缴消费税

10. 委托加工物资成本包括( )。

A. 发出材料成本   B. 支付加工材料的增值税

C. 支付运杂费   D. 支付的加工费

11. 企业委托外单位加工材料收回后用于连续生产的,其发生的下列支出中,应计入委托加工物资成本的有( )。

A. 加工费

B. 发出材料和收回加工物资发生的运输费用

C. 发出材料的实际成本

D. 受托方代收代缴的消费税

12. 企业包装物的摊销方法有( )。

A. 一次摊销法   B. 备抵法   C. 五五摊销法   D. 分次摊销法

13. 下列有关存货会计处理的表述中,正确的有( )。

A. 因自然灾害造成的存货净损失,计入营业外支出

B. 由于收发计量差错引起的存货盈亏,计入管理费用

C. 一般纳税人进口原材料缴纳的关税,计入相关原材料的成本

D. 由相关责任人承担的存货亏损,计入其他应收款

14. 2×10 年 12 月 31 日,中材公司库存甲材料的账面价值(成本)为 780 万元,市场购买价格总额为 740 万元,假设不发生其他购买费用,用甲材料生产的 A 产品的可变现净值 1 250 万元,A 产品的成本为 1 150 万元。2×10 年 12 月 31 日,中材公司的下列会计处理正确的有( )。

A. 计提存货跌价准备40万元

B. 不应计提存货跌价准备

C. 计提存货跌价准备后材料的账面价值为740万元

D. 甲材料期末应按成本计价

15. 下列各项中,表明存货的可变现净值低于成本的有( )。

A. 该存货的市场价格持续下跌,并且在可预见的未来无回升的希望

B. 企业使用该项原材料生产的产品的成本大于产品的销售价格,且该产品无销售合同

C. 企业因产品更新换代,原有库存原材料已不适应新产品的需要,而该原材料的市场价格又低于其账面成本

D. 因企业所提供的商品或劳务过时,或者消费者偏好改变而使市场的需求发生变化,导致市场价格逐渐下跌

三、判断题

1. 存货计价方法的选择直接影响资产负债表中的资产总额，而与利润表中净利润的大小无关。 （　　）

2. 外购材料发生的合理损耗不影响采购总成本，发生的非合理损耗不影响采购的单位成本。 （　　）

3. 发出材料采用先进先出法进行计价，在物价持续上涨的情况下，会使企业计入生产成本的材料费用偏低。 （　　）

4. 在物价持续上涨的情况下，采用先进先出法，可以减少物价变动给企业带来的不利的影响，符合会计上的稳健原则。 （　　）

5. 采用计划成本进行材料日常核算时，月末分摊材料成本差异时，无论是节约还是超支，一般均计入"材料成本差异"科目的贷方。 （　　）

6. 存货的成本与可变现净值孰低法，从存货的整个周转过程来看，只起着调节不同会计期间利润的作用，并不影响利润总额。 （　　）

7. 同一项资产，在不同的企业里可能分属存货和固定资产。 （　　）

8. 企业发生的存货、固定资产盘亏，先通过"待处理财产损溢"账户核算。 （　　）

9. 企业对期末存货进行盘点，发现存货盘盈、盘亏和毁损，会计人员可直接根据不同的原因进行处理。 （　　）

10. 因销售领用的包装物的成本应计入"其他业务成本"账户。 （　　）

四、问答题

1. 什么是存货，存货主要包括哪些内容？

2. 简述外购存货的实际成本的构成？

3. 什么是委托加工物资，其成本主要由哪些内容组成？

4. 什么是周转材料？

5. 什么是成本与可变现净值孰低法？

6. 简述存货可变现净值确定的原则？

第二部分　业务能力测试

1. 新民机械制造有限公司原材料按实际成本核算，采用加权平均法计算发出材料的单位成本、总成本。2×05 年 9 月初有关账户余额如表 4-1 所示。

表 4-1　原材料明细账户余额表

品名		数量/千克	单价/元	金额/元
原材料	A 材料	1 200	8.20	9 840
	B 材料	3 000	4.55	13 650
	C 材料	1 000	3.35	3 350

C 材料期末余额中不包括上月从海华厂购入的发票账单未到但已入库的材料 200 千克, 暂估价 700 元。

新民机械制造有限公司 9 月份发生材料采购及收发业务如下:

(1) 1 日, 冲转上月末从海华厂购入的暂估入账的 C 材料 200 千克, 价款 700 元。

(2) 5 日, 从江海公司购入 B 材料 3 600 千克, 买价 15 810 元, 运杂费 210 元, 货款及应随同缴付的 13%增值税进项税额 2 055.3 元已承付, 材料也验收入库。

(3) 7 日, 银行转来海华厂的委托收款凭证通知, 本厂承付上月末收到的 200 千克 C 材料款 700 元, 以及进项税额 91 元。

(4) 10 日, 基本生产车间领用 A 材料 600 千克、B 材料 2 000 千克、C 材料 400 千克, 投入产品生产。

(5) 16 日, 银行转来元通工厂的委托收款凭证通知, 本公司应承付下列材料款: A 材料 1 600 千克, 买价 12 800 元; B 材料 3 000 千克, 买价 13 500 元。另有进项税额 3 419 元, 运杂费 920 元。款项均已承付, 材料尚未运到(运杂费按购入材料重量分摊)。

(6) 21 日, 从元通厂购入的 A、B 材料运抵企业, 经验收, 发现 A 材料短缺 100 千克, 查明系运输部门责任, 让其赔付 820 元, A、B 两种材料验收入库。假定损失材料的进项税额继续允许抵扣。

(7) 22 日, 从红光厂采购 C 材料 1 500 千克, 单价为 3.6 元, 红光厂要求本企业先预付 50%的价款, 已汇出。

(8) 24 日, 从红光厂采购 C 材料已运抵企业, 价格无误, 另有运杂费 270 元, 及按 13%计算的增值税进项税额 702 元, 财务科开出结算凭证, 将余款及运杂费、税款全数付出。

(9) 25 日, 从新明厂购得 B 材料 2 400 千克, 单价 4.80 元/千克, 另有运杂费 510 元, 现材料已运抵企业, 验收入库, 财务科遵循合同约定, 开出为期一月的商业汇票, 票面金额为 10 000 元, 汇票已送出, 余款及按税率 13%计算的增值税税款 1 497.6 元用银行存款支付。

(10) 26 日, 101 号在建工程领用 C 材料 100 千克, 厂部进行日常维修, 领用 B 材料 50 千克。

(11) 28 日, 收到新江厂发来 A 材料 500 千克, 合同价 3 700 元, 验收入库, 尚未收到对方单位的结算凭证。

(12) 31 日, 按暂估价做收料的账务处理。

要求:

(1) 编制以上采购业务的会计分录;

(2) 月末计算 A 材料、B 材料、C 材料的单位成本(不包括暂估入账材料);

(3) 编制以上发出材料的会计分录。

2. 企业某月发生材料收发业务如下: 1 日, 月初结存 100 件, 单价 10.00 元; 5 日, 购入 400 件, 单价 9.80 元; 6 日, 领用 100 件; 8 日, 购入 200 件, 单价 10.20 元; 15 日, 领用 300 件; 28 日, 购入 300 件, 单价 10.25 元。

要求: 分别用先进先出法、移动平均法、月末一次加权平均法计算发出材料成本和结存存货成本。

3. 某企业对甲材料按计划成本法核算, 5 月初甲材料账面余额为借方 200 000 元, 材料成本差异的余额为借方 40 000 元。该企业 5 月份发生如下经济业务:

(1) 购入甲材料一批，取得增值税专用发票上注明的材料价款为 600 000 元，税款 78 000 元。该批材料的计划成本 610 000 元，货款已支付并验收入库。

(2) 购入甲材料一批，取得普通发票上标明的价款为 200 000 元。材料的计划成本 190 000 元。材料已验收入库，并以银行存款支付全部货款。

(3) 本月生产领用甲材料一批，计划成本为 400 000 元。

要求：

(1) 编制以上业务的会计分录；

(2) 计算发出材料应负担的材料成本差异，并编制结转材料成本差异的会计分录。

4. 某工业企业月初库存某种材料 1 000 件，每件计划成本为 100 元，材料成本差异分配率为-2%，本月发生的材料购买和发出业务如下：

(1) 本月 5 日以商业承兑汇票方式购入该种材料 2 000 件，每件买价为 100 元，有关运杂费 4 000 元，专用发票列明应支付增值税共计 26 000 元，材料已验收入库。

(2) 本月 20 日以转账支票方式购进该种材料 1 000 件，专用发票列明每件买价为 99 元，另应支付增值税 12 870 元，材料已验收入库。

(3) 本月发出材料汇总表列明，产品生产领用该种材料 1 500 件，生产部门一般性消耗 500 件，企业在建项目领用本月 5 日购入的该材料 1 200 件。

要求：

(1) 根据上述资料编写第(1)(2)笔业务的会计分录；

(2) 计算月末材料成本差异分配率，编写领用材料并结转材料成本差异的会计分录。

5. 甲公司于本月 7 日购进 A 材料一批，发票列明数量共计 5 000 千克，单价 20 元，商业折扣为 2%，增值税税率为 13%，用一张 120 000 元的银行汇票支付货款，剩余款项已退回。本月 20 日到货，验收入库时发现短缺 100 千克，原因尚未查清。本月 25 日查实，上述短缺均属供货方少发，供货方已同意补发，但 A 材料尚未收到。甲公司对 A 材料采用实际成本核算。

甲公司本月 15 日采用银行承兑汇票方式购进 B 材料 1 000 件，每件发票单价 100 元，并加收增值税 13 000 元；18 日收到货物，验收入库时发现短缺 200 件，原因待查；20 日查明原因系洪水意外事故所致，保险公司同意赔偿 80%，其余 20%作为损失处理。甲公司对 B 材料采用计划成本核算，计划单价 95 元/件。

要求：做出必要的计算和会计处理。

6. 企业委托某公司为其加工乙材料一批，向其发出的委托加工甲材料计划成本共计 50 000 元，上月材料成本差异率为-3%，加工完成后应支付加工费计 10 000 元及增值税 1 300 元，款项未付，用银行存款支付往返运杂费共计 1 000 元，该批委托加工的乙材料现已验收入库，共计 100 件，每件计划成本为 600 元。

要求：做出以上经济业务的全部会计分录。

7. 某企业的周转材料按实际成本核算，发生如下经济业务：

(1) 以银行存款购进包装物，取得增值税专用发票上价款 3 000 元，增值税 390 元。

(2) 生产领用包装物，用于包装产品，实际成本 400 元。

(3) 销售产品领用不单独计价的包装物，实际成本 200 元。

(4) 销售产品领用单独计价的包装物,实际成本 400 元,售价 565 元(其中包括增值税 65 元),款项已收到。

(5) 生产车间领用新专用工具(不属于固定资产)100 个,实际总成本 6 000 元。该批专用工具预计能使用 2 次,分 2 次进行摊销。

要求:编写以上经济业务的会计分录。

8. 某公司经盘点,原材料盘亏 10 000 元。后查明原因系被盗所致,原抵扣的进项税额 1 300 元,经批准保管员承担 50%的责任,其余作为管理费用处理。

因自然灾害造成产品损失 20 000 元,估计残值为 200 元入库,保险公司同意赔偿 50%,保管人失职赔偿 25%,定额内损耗 5%,其他作为损失处理。

要求:为以上业务编制会计分录。

9. 某股份公司对期末存货采用成本与可变现净值孰低法计量,A 库存商品存货跌价准备期初余额为 0,其他有关资料如下:

(1) 2×06 年 12 月 31 日,成本为 200 000 元,可变现净值为 190 000 元。

(2) 截至 2×07 年 6 月 30 日,售出库存商品,实际成本为 80 000 元。

(3) 2×07 年 6 月 30 日,剩余存货成本为 120 000 元,可变现净值为 116 000 元。

要求:根据上述资料,编制与计提存货跌价准备业务有关的会计分录。

10. 甲公司 2×01 年 4 月初,"原材料"账户余额为 100 000 元,数量为 10 000 件,"材料成本差异"贷方余额 3 100 元。2×01 年 4 月发生如下有关业务:

(1) 4 月 6 日,从乙公司购入原材料 10 000 件,取得增值税专用发票载明价格 90 000 元,增值税 11 700 元。另发生运费 10 000 元(取得运输业增值税专用发票,按 9%计算允许抵扣进项税额),其他杂费 1 600 元。以上款项已支付。材料已验收入库。

(2) 4 月 8 日,生产领用原材料 15 000 件,行政管理部门领用 1 000 件。

(3) 4 月 13 日,从乙公司购入原材料 20 000 件,取得增值税专用发票载明价格 180 000 元,增值税 23 400 元。另发生运费 20 000 元(取得运输业增值税专用发票,按 9%计算允许抵扣进项税额),其他杂费 1 200 元。货款尚未支付。材料已验收入库。

(4) 4 月 18 日,生产领用原材料 20 000 件。

(5) 4 月 23 日,从乙公司购入原材料 10 000 件,取得增值税专用发票载明价格 100 000 元,增值税 13 000 元,另发生运杂费 10 000 元。货款款项已付。材料验收入库时,发现短缺 1 000 件。后查明原因,100 件为合理损耗,900 件因运输单位保管不善,运输途中被盗所致,应由运输部门赔偿。

(6) 4 月 27 日,生产领用原材料 5 000 件。

(7) 4 月 30 日,原订购的材料 5 000 件,已到货并验收入库,但有关发票账单没有到达。

要求:

(1) 编制业务(1)(3)(5)(7)的会计分录;

(2) 计算 4 月份材料成本差异率;

(3) 编制发出材料的会计分录。

11. 甲公司为增值税一般纳税人，适用的增值税税率为 13%，甲公司对包装物采用五五摊销法核算。7 月 1 日，甲公司销售商品时出租给乙公司包装物 80 个，每个包装物成本为 40 元，收取押金 56.5 元，每个包装物每月收取租金 10 元(不含税)，租期 3 个月。押金已收到并存入银行，租金每月月末从押金中逐月扣除。10 月 1 日期满收回时，发现损坏 10 个，扣押金后退还剩余押金。

要求：写出以上有关会计分录。

项目五　金融资产核算能力

【学习目标】

通过本项目的学习，学生应掌握金融资产的概念及分类；掌握交易性金融资产初始确认、后续计量及其处置的规定；掌握债权投资初始确认、后续计量及其处置的规定；掌握其他债权投资初始确认、后续计量及其处置的规定；掌握其他权益工具投资初始确认、后续计量及其处置的规定。

【学习指导】

本项目主要介绍交易性金融资产核算、债权投资核算、其他债权投资核算、其他权益工具投资核算。

(1) 企业应当根据其管理金融资产的业务模式和金融资产的合同现金流量特征，将金融资产划分为以下三类：①以摊余成本计量的金融资产；②以公允价值计量且其变动计入其他综合收益的金融资产；③以公允价值计量且其变动计入当期损益的金融资产。上述分类确定后，不得随意变更。

(2) 以公允价值计量且其变动计入当期损益的金融资产，通过交易性金融资产核算。交易性金融资产初始确认时，应按公允价值计量，相关交易费用应当直接计入当期损益；在持有期间取得的利息或现金股利，应当确认为投资收益；资产负债表日，交易性金融资产应当按照公允价值计量，企业应将交易性金融资产的公允价值变动计入当期损益；处置交易性金融资产时，其公允价值与初始入账金额之间的差额应确认为投资收益。企业应当设置"交易性金融资产""公允价值变动损益""投资收益"等科目。

(3) 债权投资用来核算以摊余成本计量的债券金融资产。债权投资初始确认时，应当按照公允价值计量和相关交易费用之和作为初始入账金额；企业应在债权投资持有期间，采用实际利率法，按照摊余成本和实际利率计算利息收入，计入利息收入；处置债权投资时，应将所取得价款与债权投资账面价值的差额，计入当期损益。企业应设置"债权投资""利息收入""应收利息"等科目。

(4) 以公允价值计量且其变动计入其他综合收益的金融资产需要设置其他债权投资进行核算。其他债权投资初始确认时，应当按照公允价值计量和相关交易费用之和作为初始入账金额；持有期间取得的利息，应当计入利息收入；资产负债表日，应当以公允价值计量，且公允价值变动计入其他综合收益；处置其他债权投资时，应将取得的价款与该金融资产账面价值之间的差额，计入投资收益；同时，将原直接计入所有者权益的公允价值变动累计额对应处置部分的金额转出，计入投资收益。企业应设置"其他债权投资""其他综合收益""投资收益""应收利息"等科目。

(5) 企业取得指定为以公允价值计量且其变动计入其他综合收益的非交易性权益工具投资需要通过其他权益工具投资进行核算。企业取得其他权益工具投资时，按公允价值及相关交易费用之和作为初始入账金额；其他权益工具投资持有期间，将收到的现金股利确认为投资收益；资产负债表日，其他权益工具投资应当以公允价值计量，且公允价值变动计入其他综合收益；处置时，应将取得的价款与该金融资产账面价值之间的差额，调整留存收益；同时，将原直接计入所有者权益的公允价值变动累计额对应处置部分的金额从"其他综合收益"科目转出，调整留存收益。企业应设置"其他权益工具投资""其他综合收益""投资收益""应收利息"等科目。

【重点与难点】

(1) 金融资产的概念及分类。
(2) 交易性金融资产的会计处理。
(3) 债权投资的会计处理。
(4) 其他债权投资的会计处理。
(5) 其他权益工具投资的会计处理。

【同步强化练习题】

第一部分　知识能力测试

一、单项选择题

1. 下列项目中，应计入交易性金融资产取得成本的是(　　)。
　　A. 支付的交易费用
　　B. 支付的不含应收股利的购买价款
　　C. 支付的已到付息期但尚未领取的利息
　　D. 购买价款中已宣告但尚未领取的现金股利

2. 企业取得金融资产时，支付的价款中已宣告但尚未发放的现金股利或已到付息期但尚未领取的债券利息，应计入的会计科目是(　　)。
　　A. "应收股利或应收利息"　　　　　　B. "交易性金融资产"
　　C. "债权投资"　　　　　　　　　　　D. "其他债权投资"

3. 甲公司于 2×01 年 12 月 5 日从证券市场上购入乙公司发行在外的股票 20 万股作为交易性金融资产,每股支付价款 5 元;2×01 年 12 月 31 日,该股票公允价值为 110 万元;2×02 年 1 月 10 日,甲公司将上述股票对外出售,收到款项 115 万元存入银行。这项投资从购买到售出计入投资收益的数额是( )万元。

    A. 5   B. 10   C. 15   D. 20

4. 甲公司 2×09 年 10 月 10 日自证券市场购入乙公司发行的股票 100 万股,共支付价款 860 万元,其中包括交易费用 4 万元。购入时,乙公司已宣告但尚未发放的现金股利为每股 0.16 元。甲公司将购入的乙公司股票作为交易性金融资产核算。2×09 年 12 月 2 日,甲公司出售该交易性金融资产,收到价款 960 万元。甲公司 2×09 年利润表中因该交易性金融资产应确认的投资收益为( )万元。

    A. 100   B. 116   C. 120   D. 132

5. 2×09 年 3 月 1 日,甲企业以赚取差价为目的从证券市场上购入乙公司发行在外的股票 600 万股,作为交易性金融资产,每股支付价款 4.2 元,含已宣告但尚未发放的现金股利 0.2 元,另支付交易费用 8 万元,全部价款以银行存款支付。则取得交易性金融资产的入账价值为( )万元。

    A. 2 520   B. 2 528   C. 2 408   D. 2 400

6. 甲公司于 2×07 年 3 月 20 日以 1 000 万元的价格购进 2×06 年 1 月 1 日发行的面值为 900 万元的 5 年期分期付息公司债券。其中买价中含有已到付息期但尚未支付的利息 40 万元,另支付相关税费为 5 万元。甲公司将其划分为债权投资,则该企业计入"债权投资"科目的金额为( )万元。

    A. 1 005   B. 900   C. 965   D. 980

7. 2×01 年 1 月 1 日,甲公司自证券市场购入面值总额为 2 000 万元的债券。购入时实际支付价款 2 078.98 万元,另外支付交易费用 10 万元。该债券发行日为 2×01 年 1 月 1 日,系分期付息、到期还本债券,期限为 5 年,票面年利率为 5%,实际年利率为 4%,每年 12 月 31 日支付当年利息。甲公司将该债券作为债权投资核算。2×03 年应确认的投资收益为( )万元。

    A. 83.56   B. 82.90   C. 82.22   D. 100

8. 甲公司于 2×08 年 2 月 1 日购入某上市公司股票 10 万股,每股价格为 15.5 元(其中包含已宣告发放但尚未领取的现金股利,每股 0.5 元),甲公司购入的股票暂不准备随时变现,划分为其他权益工具投资,甲公司购买该股票另支付手续费等 10 万元。则甲公司对该项投资的入账价值为( )万元。

    A. 145   B. 150   C. 155   D. 160

9. 甲公司购入某上市公司股票 2% 的普通股份,暂不准备随时变现,甲公司应将该项投资划分为( )。

    A. 其他债权投资   B. 其他权益工具投资

    C. 长期股权投资   D. 持有至到期投资

10. 资产负债表日，由于其他债权投资公允价值变动(该变动属于暂时性变动)所引起的其公允价值低于其账面价值的差额时，会计处理为借记(　　)科目，贷记"其他债权投资——公允价值变动"科目。

A. "其他综合收益"　　　　　　　　B. "投资收益"

C. "资产减值损失"　　　　　　　　D. "公允价值变动损益"

11. 2×08年10月20日，甲公司以每股10元的价格从二级市场购入乙公司股票10万股，支付价款100万元，另支付相关交易费用2万元。甲公司将购入的乙公司股票作为其他权益工具投资核算。2×08年12月31日，乙公司股票市场价格为每股12元。2×09年3月15日，甲公司收到乙公司分派的现金股利4万元。2×09年4月4日，甲公司将所持有乙公司股票以每股13元的价格全部出售，出售时影响留存收益金额是(　　)万元。

A. 10　　　　　B. 18.00　　　　　C. 28　　　　　D. 32

12. 甲公司于2×09年1月1日从证券市场购入乙公司发行在外的股票30 000股作为其他权益工具投资，每股支付价款10元，另支付相关费用6 000元。2×09年12月31日，甲公司持有股票的公允价值为320 000元，甲公司2×09年12月31日计入其他综合收益科目的金额为(　　)元。

A. 0　　　　　B. 20 000　　　　　C. 14 000　　　　　D. 26 000

13. 2×08年1月1日，A公司购入甲公司于2×07年1月1日发行的面值为100万元、期限5年、票面年利率为6%、每年12月31日付息的债券并将其划分为交易性金融资产，实际支付购买价款108万元(包括应收债券利息6万元，交易税费0.2万元)。甲公司债券的初始确认金额为(　　)万元。

A. 100　　　　　B. 101.8　　　　　C. 102　　　　　D. 107.8

14. 阳光公司于2×10年3月1日从证券市场购入甲公司发行在外的股票60万股作为其他权益工具投资，每股支付价款13元(含已宣告但尚未发放的现金股利3元)，另支付相关费用5万元，阳光公司取得该项其他权益工具投资时的入账价值为(　　)万元。

A. 600　　　　　B. 785　　　　　C. 780　　　　　D. 605

15. 甲公司2×10年1月1日购入面值为100万元，年利率为4%的A债券；取得时，支付价款104万元(含已到付息期但尚未领取的利息4万元)，另支付交易费用0.5万元，甲公司将该项金融资产划分为交易性金融资产。2×10年1月5日，收到购买时价款中所含的利息4万元，2×10年12月31日，A债券的公允价值为106万元，2×11年1月5日，收到A债券2×10年度的利息4万元；2×11年4月20日，甲公司出售A债券售价为108万元。甲公司从购入到出售该项交易性金融资产的累计损益为(　　)万元。

A. 12　　　　　B. 11.5　　　　　C. 16　　　　　D. 15.5

16. 企业于2×08年1月1日支付85 200元(含应收债券利息)的价款购入面值80 000元、2×06年1月1日发行、票面年利率为5%、期限4年、次年1月1日付息的债券作为债权投资。2×08年1月1日购入时应计入"债权投资——利息调整"科目的金额为(　　)元。

A. 5 200　　　　　B. 4 000　　　　　C. 2 000　　　　　D. 1 200

二、多项选择题

1. 关于交易性金融资产的计量，下列说法中错误的有(   )。
   A. 资产负债表日，企业应将金融资产的公允价值变动直接计入当期所有者权益
   B. 应当按取得该金融资产的公允价值和相关交易费用之和作为初始确认金额
   C. 处置该金融资产时，其公允价值与初始入账金额之间的差额应确认为投资收益，不调整公允价值变动损益
   D. 应当按取得该金融资产的公允价值作为确认金额，相关交易费用在发生时计入当期损益

2. 下列项目中，不应计入交易性金融资产取得成本的是(   )。
   A. 支付的购买价格   B. 支付的相关税金
   C. 支付的手续费   D. 支付价款中包含的应收利息

3. 下列各项中，会引起交易性金融资产账面余额发生变化的有(   )。
   A. 收到原未计入应收项目的交易性金融资产的利息
   B. 期末交易性金融资产公允价值高于其账面余额的差额
   C. 期末交易性金融资产公允价值低于其账面余额的差额
   D. 出售交易性金融资产

4. 下列各项中，不应确认投资收益的事项有(   )。
   A. 交易性金融资产在持有期间获得现金股利
   B. 交易性金融资产在资产负债表日的公允价值大于账面价值的差额
   C. 债权投资在持有期间按摊余成本和实际利率计算确认的利息收入
   D. 其他债权投资在持有期间按摊余成本和实际利率计算确认的利息收入

5. 关于金融资产的计量，下列说法中错误的有(   )。
   A. 交易性金融资产应当按照取得时的公允价值和相关的交易费用作为初始确认金额
   B. 其他债权投资应当按取得该金融资产的公允价值和相关交易费用之和作为初始确认金额
   C. 其他债权投资应当按照取得时的公允价值作为初始确认金额，相关的交易费用在发生时计入当期损益
   D. 债权投资在持有期间应当按照摊余成本和实际利率计算确认利息收入，计入利息收入

6. 下列金融资产中，应按公允价值进行后续计量的有(   )。
   A. 交易性金融资产   B. 债权投资
   C. 其他债权投资   D. 其他权益工具投资

7. 下列关于其他债权投资的表述中，正确的有(   )。
   A. 其他债权投资发生的减值损失应计入当期损益
   B. 其他债权投资的公允价值变动应计入当期损益
   C. 取得其他债权投资发生的交易费用应直接计入资本公积
   D. 处置其他债权投资时，以前期间因公允价值变动计入其他综合收益的金额应转入当期损益

8. 金融资产的摊余成本是指该金融资产的初始确认金额经( )调整后的结果。

A. 扣除已收回的本金

B. 加上或减去采用实际利率法将该初始确认金额与到期日金额之间的差额进行摊销形成的累计摊销额

C. 加上或减去公允价值变动

D. 扣除已发生的减值损失

9. 下列各项中，应计入当期损益的事项有( )。

A. 交易性金融资产取得时的公允价值

B. 交易性金融资产在资产负债表日的公允价值小于账面价值的差额

C. 债权投资取得的利息收入

D. 其他债权投资在资产负债表日的公允价值小于账面价值的差额

10. 下列各项中，应作为债权投资取得时的初始成本入账的有 ( )。

A. 投资时支付的不含应收利息的价款

B. 投资时支付的手续费

C. 投资时支付的税金

D. 投资时支付款项中所含的已到期但尚未发放的利息

三、判断题

1. 债权投资初始确认时，应当计算确定其实际利率，并在持有至到期投资预期存续期间或适用的更短期间内保持不变。 ( )

2. 其他债权投资取得时应该按公允价值来确认初始入账金额，但应该按照摊余成本进行后续计量。 ( )

3. "交易性金融资产"科目的期末借方余额，反映企业持有的交易性金融资产的成本与市价孰低值。 ( )

4. 企业在初始确认时将某项金融资产划分为以公允价值计量且其变动计入当期损益的金融资产后，视情况变化可以随意将其重分类为其他金融资产。 ( )

5. 甲股份有限公司于 2×09 年 4 月 1 日购入面值为 1 000 万元的 3 年期债券并划分为债权投资，实际支付的价款为 1 500 万元，其中包含已到付息期但尚未领取的债券利息 10 万元，另支付相关税费 10 万元。该项债券投资的初始入账金额为 1 500 万元。 ( )

6. 其他债权投资持有期间取得的利息应当冲减成本。 ( )

7. 资产负债表日，其他债权投资应当以公允价值计量，而且公允价值变动应计入当期损益。 ( )

8. 企业购入 B 股票 20 万股，划分为交易性金融资产，支付的价款为 103 万元，其中包含已宣告发放的现金股利 3 万元和支付交易费用 2 万元。该项交易性金融资产的入账价值为 102 万元。 ( )

9. "其他权益工具投资"借方期末余额，反映企业其他权益工具投资的公允价值。 ( )

四、问答题

1. 什么是交易性金融资产？
2. 什么是债权投资？
3. 什么是摊余成本？
4. 什么是其他债权投资？

第二部分 业务能力测试

1. 2×07 年 5 月 13 日，甲公司支付价款 1 060 000 元从二级市场购入乙公司发行的股票 100 000 股，每股价格 10.6 元(含已宣告但尚未发放的现金股利 0.6 元)，另支付交易费用 1 000 元，适用的增值税税率为 6%。甲公司将持有的乙公司股权划分为交易性金融资产，且持有乙公司股权后对其无重大影响。

甲公司其他相关资料如下：

(1) 5 月 23 日，收到乙公司发放的现金股利；

(2) 6 月 30 日，乙公司股票价格涨到每股 13 元；

(3) 8 月 15 日，将持有的乙公司股票全部售出，每股售价 15 元。

要求：假定不考虑其他因素，对甲公司以下业务进行账务处理。

(1) 5 月 13 日，购入乙公司股票；

(2) 5 月 23 日，收到乙公司发放的现金股利；

(3) 6 月 30 日，确认股票价格变动；

(4) 8 月 15 日，乙公司股票全部售出。

2. 某股份有限公司 2×07 年有关交易性金融资产的资料如下：

(1) 3 月 1 日，购入 A 公司股票 50 000 股，并准备随时变现，每股买价 16 元，同时支付相关交易费用 4 000 元，取得的增值税专用发票上的增值税为 240 元。

(2) 4 月 20 日，A 公司宣告的现金股利每股 0.4 元。

(3) 4 月 25 日，收到 A 公司发放的现金股利 20 000 元。

(4) 6 月 30 日，A 公司股票市价为每股 17.4 元。

(5) 10 月 18 日，该公司以每股 18.5 元的价格转让 A 公司股票 30 000 股，发生相关交易费用 10 000 元，取得的增值税专用发票上的增值税为 600 元。

(6) 12 月 31 日，A 公司股票市价为每股 18 元。

要求：根据上述经济业务编制有关会计分录。

3. A 公司于 2×07 年 1 月 1 日从证券市场购入 B 公司 2×07 年 1 月 1 日发行的债券，债券为 4 年期，票面年利率是 6%，每年 1 月 5 日支付上年度的利息，到期日为 2×11 年 1 月 1 日，到期日一次归还本金和最后一期的利息。A 公司购入债券的面值为 1 000 万元，实际支付的价款是 1 025.46 万元，另外支付相关交易费用 10 万元，A 公司购入以后将其划分为持有至到期投资，购入债券实际利率为 5%，假定按年计提利息。2×09 年 1 月 11 日全部出售，取得收入 1 020

万元。

要求：编制从购入到处置的会计分录(计算结果保留小数点后 2 位数)。

4. 丙股份有限公司(以下简称丙公司)有关投资资料如下：

(1) 2×07 年 2 月 5 日，丙公司以银行存款从二级市场购入 B 公司股票 100 000 股，划分为其他权益工具投资，每股买价 12 元，同时支付相关税费 10 000 元。

(2) 2×07 年 4 月 10 日，B 公司宣告发放现金股利，每股 0.5 元。

(3) 2×07 年 4 月 20 日，收到 B 公司发放的现金股利 50 000 元。

(4) 2×07 年 12 月 31 日，B 公司股票市价为每股 11 元。

(5) 2×08 年 1 月 10 日，丙公司将 B 公司股票全部售出，市价为每股 11.5 元。丙公司按净利润 10%计提法定盈余公积。

要求：根据上述经济业务编制有关会计分录。

5. A 公司于 2×07 年 1 月 2 日从证券市场上购入 B 公司于 2×06 年 1 月 1 日发行的债券，该债券为 4 年期、票面年利率为 4%、每年 1 月 5 日支付上年度的利息，到期日为 2×10 年 1 月 1 日，到期日一次性归还本金和最后一次利息。A 公司购入债券的面值为 1000 万元，实际支付价款为 992.77 万元，另支付相关费用 20 万元。A 公司购入债券后将其划分为债权投资。购入债券的实际利率为 5%。假定按年计提利息。金额单位为万元。

要求：

(1) 编制 A 公司 2×07 年 1 月 1 日购入债券的会计分录；

(2) 编制 A 公司 2×07 年 12 月 31 日的会计分录；

(3) 编制 A 公司 2×10 年 1 月 1 债券到期收回本金及最后一期利息的会计分录。

6. 2×09 年 5 月 10 日，甲公司支付价款 2 120 000 元从二级市场购入乙公司发行的股票 200 000 股，每股价格 10.6 元(含已宣告但尚未发放的现金股利 0.6 元)，另支付交易费用 20 000 元。甲公司将持有的乙公司股权划分为其他权益工具投资，且持有乙公司股权后对其无重大影响。

甲公司按净利润 10%计提法定盈余公积，其他相关资料如下：

(1) 2×09 年 5 月 23 日，收到乙公司发放的现金股利；

(2) 2×09 年 6 月 30 日，乙公司股票价格涨到每股 13 元；

(3) 2×09 年 12 月 31 日，乙公司股票价格涨到每股 15 元；

(4) 2×10 年 1 月 15 日，将持有的乙公司股票全部售出，每股售价 16 元。

要求：假定不考虑其他因素，编制甲公司相关的会计分录。

7. A 公司为非上市公司，按年对外提供财务报告，有关股票投资业务如下。

(1) 2×14 年 11 月 6 日，A 公司购买 B 公司发行的股票 1 000 000 股，成交价为每股 25.2 元，其中包含已宣告但尚未发放的现金股利每股 0.2 元。另付交易费用 60 000 元，增值税 3 600 元。A 公司所持股票占 B 公司表决权资本的 1%，A 公司准备近期内出售，将其划分为交易性金融资产。

(2) 2×14 年 11 月 10 日，收到上述现金股利。

(3) 2×14 年 12 月 31 日，该股票每股市价为 28 元。

(4) 2×15 年 4 月 3 日， B 公司宣告发放现金股利每股 0.3 元，4 月 30 日，A 公司收到现金股利。

(5) 2×15 年 12 月 31 日，该股票每股市价为 26 元。

(6) 2×16 年 2 月 6 日，A 公司出售 B 公司全部股票，出售价格为每股 30 元，另支付交易费用 80 000 元，增值税 4 800 元。

要求：编写以上业务的会计分录。

项目六 | **长期股权投资核算能力**

【学习目标】

通过本项目的学习，学生应掌握长期股权投资核算的范围；掌握长期股权投资初始成本的确定原则，并正确确定长期股权投资的初始成本；掌握长期股权投资核算的成本法和权益法，正确确认和计量投资收益；了解长期股权投资减值的核算。

【学习指导】

本项目主要介绍长期股权投资初始计量核算和后续计量。

(1) 长期股权投资，包括以下内容：①投资企业能够对被投资单位实施控制的权益性投资，即对子公司投资；②投资企业与其他合营方一同对被投资单位实施共同控制的权益性投资，即对合营企业投资；③投资企业对被投资单位具有重大影响的权益性投资，即对联营企业投资。

(2) 企业合并形成的长期股权投资，初始投资成本的确定应区分企业合并的类型，分为同一控制下控股合并与非同一控制下控股合并，分别确定形成长期股权投资的初始投资成本。

(3) 非企业合并中，以支付现金取得的长期股权投资，应当按照实际支付的购买价款作为长期股权投资的初始投资成本，包括购买过程中支付的手续费等必要支出；以发行权益性证券方式取得的长期股权投资，其成本为所发行权益性证券的公允价值，但不包括应自被投资单位收取的已宣告但尚未发放的现金股利或利润；投资者投入的长期股权投资，应当按照投资合同或协议约定的价值作为初始投资成本，但合同或协议约定的价值不公允的除外。

(4) 长期股权投资在持有期间，根据投资企业对被投资单位的影响程度及是否存在活跃市场、公允价值能否可靠取得等进行划分，应当分别采用成本法及权益法进行核算。

(5) 采用成本法核算的长期股权投资应当按照初始投资成本计价。追加或收回投资应当调整长期股权投资的成本。被投资单位宣告分派的现金股利或利润，应当确认为当期投资收益。

(6) 采用权益法核算主要涉及以下方面的处理：①初始投资成本的调整；②投资损益的确认；③取得现金股利或利润的处理；④超额亏损的确认；⑤被投资单位其他综合收益变动的处理；⑥被投资单位除净损益、其他综合收益以及利润分配以外的所有者权益的其他变动。

(7) 处置长期股权投资，其账面价值与实际取得价款的差额，应当计入当期损益。采用权益法核算的长期股权投资，因被投资单位除净损益以外所有者权益的其他变动而计入所有者权益的，处置该项投资时应当将原计入所有者权益的部分按相应比例转入当期损益。

【重点与难点】

(1) 企业合并形成的长期股权投资初始成本的确定。

(2) 非企业合并形成的长期股权投资初始成本的确定。

(3) 成本法和权益法的适用范围。

(4) 长期股权投资成本法的核算。

(5) 长期股权投资权益法的核算。

【同步强化练习题】

第一部分　知识能力测试

一、单项选择题

1. 企业通过控股合并取得长期股权投资，则其初始投资成本是(　　)。

　　A. 购买价款　　　　　B. 税金　　　　　C. 手续费　　　　　D. 资产评估费

2. A 公司于 2×07 年 1 月 1 日用货币资金从证券市场上购入 B 公司发行在外股份的 25%，能够对 B 公司具有重大影响，实际支付价款 500 万元，另支付相关税费 5 万元，同日，B 公司可辨认净资产的公允价值为 2 200 万元。A 公司 2×07 年 1 月 1 日按被投资单位可辨认净资产的公允价值份额调整后的长期股权投资成本为(　　)万元。

　　A. 505　　　　　　　B. 550　　　　　　　C. 500　　　　　　　D. 555

3. 上题中，A 公司 2×07 年 1 月 1 日应确认的损益为(　　)万元。

　　A. 0　　　　　　　　B. 45　　　　　　　C. 50　　　　　　　D. 20

4. 对同一控制下的企业合并，合并方以发行权益性证券作为合并对价的，下列说法中正确的是(　　)。

　　A. 应当在合并日以取得被合并方所有者权益账面价值的份额作为长期股权投资的初始投资成本，以发行股份的面值总额作为股本，长期股权投资初始投资成本与所发行股份面值总额之间的差额，应当计入资本公积

　　B. 应当在合并日以取得被合并方所有者权益公允价值的份额作为长期股权投资的初始投资成本，以发行股份的面值总额作为股本

　　C. 应当在合并日以取得被合并方可辨认净资产公允价值的份额作为长期股权投资的初始投资成本，以发行股份的面值总额作为股本

　　D. 应当在合并日以取得被合并方所有者权益账面价值的份额作为长期股权投资的初始投资成本，以发行股份的面值总额作为股本，长期股权投资初始投资成本与所发行

　　　股份面值总额之间的差额，应当计入当期损益

5. 企业采用成本法核算长期股权投资时，收到被投资单位分派的现金股利时，应当(　　)。

　　A. 减少长期股权投资　　　　　　　B. 冲减应收股利

　　C. 增加实收资本　　　　　　　　　D. 计入投资收益

6. 采用权益法核算长期股权投资时，被投资单位发生亏损，投资企业按应分担的份额应当(　　)。

　　A. 减少长期股权投资账面价值　　　B. 冲减应收股息

　　C. 冲减资本公积　　　　　　　　　D. 计入营业外支出

7. 下列说法中，正确的是(　　)。

　　A. 投资企业对子公司的长期股权投资，应采用成本法核算

　　B. 投资企业对子公司的长期股权投资，应采用权益法核算

　　C. 投资企业对子公司的长期股权投资既可以采用权益法核算，也可以采用成本法核算

　　D. 投资企业对子公司的长期股权投资应按公允价值核算

8. A 公司以 2 200 万元取得 B 公司 30%的股权，取得投资时，被投资单位可辨认净资产的公允价值为 8 000 万元。如果 A 公司能够对 B 公司施加重大影响，则 A 公司计入长期股权投资的金额为(　　)万元。

　　A. 2 200　　　　　B. 2 400　　　　　C. 8 000　　　　　D. 5 800

9. 某企业于 2×08 年年初购入 B 公司 30%的有表决权股份，对 B 公司能够施加重大影响，实际支付价款 300 万元，当日 B 公司的可辨认净资产的公允价值为 900 万元。当年 B 公司经营获利 100 万元，发放现金股利 20 万元。2×08 年年末，该企业的长期股权投资账面余额为(　　)万元。

　　A. 300　　　　　　B. 324　　　　　　C. 360　　　　　　D. 372

10. 2×08 年 5 月 1 日，XYZ 公司以 1 500 万元购入甲公司 25%的普通股权，并对甲公司有重大影响。2×08 年 5 月 1 日，甲公司可辨认净资产的公允价值为 6 400 万元，款项已以银行存款支付。甲公司应确认的长期股权投资的入账价值是(　　)万元。

　　A. 1 500　　　　　B. 1 300　　　　　C. 1 600　　　　　D. 2 000

11. 2×06 年 6 月 30 日，P 公司向同一集团内 S 公司的原股东定向增发 1500 万股普通股(每股面值为 1 元，市价为 10 元)，取得 S 公司 100%的股权，并于当日起能够对 S 公司实施控制。合并后，S 公司仍维持其独立法人资格继续经营。两公司在企业合并前采用的会计政策相同。合并日，S 公司的账面所有者权益总额为 6 606 万元。则 P 公司确认的长期股权投资是(　　)万元。

　　A. 6 606　　　　　B. 1 500　　　　　C. 15 000　　　　　D. 13 500

12. 甲公司于 2×06 年 2 月 10 日自公开市场中买入乙公司 20%的股份，实际支付价款 8 000 万元。另外，在购买过程中支付手续费等相关费用 200 万元。甲公司取得该部分股权后，能够对乙公司的生产经营决策施加重大影响。甲公司长期股权投资入账价值为(　　)万元。

　　A. 8 000　　　　　B. 8 200　　　　　C. 7 800　　　　　D. 200

13. 2×07 年 1 月 1 日，甲公司以 860 万元购入 C 公司 40%的普通股权，并对 C 公司有重大影响。2×07 年 1 月 1 日，C 公司所有者权益的账面价值为 1900 万元，可辨认净资产的公允价

值为 2000 万元，款项已以银行存款支付。甲公司确认的长期股权投资的入账价值为( )万元。

     A. 860　　　　　　　B. 800　　　　　　　C. 760　　　　　　　D. 780

14. 甲、乙两家公司同属丙公司的子公司。甲公司于 2×01 年 3 月 1 日以发行股票的方式从乙公司的股东手中取得乙公司 60%的股份。甲公司发行 1 500 万股普通股股票，该股票每股面值为 1 元。2×01 年 3 月 1 日，乙公司所有者权益为 2 000 万，甲公司资本公积为 180 万元，盈余公积为 100 万元，未分配利润为 200 万元。甲公司该项长期股权投资的成本为( )万元。

     A. 1 200　　　　　　B. 1 500　　　　　　C. 1 820　　　　　　D. 480

15. 甲公司出资 1 000 万元，取得了乙公司 80%的控股权，假如购买股权时乙公司的账面净资产价值为 1 500 万元，甲、乙公司合并前后同受一方控制。则甲公司确认的长期股权投资成本为( )万元。

     A. 1 000　　　　　　B. 1 500　　　　　　C. 800　　　　　　　D. 1 200

16. A、B 两家公司属于非同一控制下的独立公司。A 公司于 2×01 年 7 月 1 日以本企业的固定资产对 B 公司投资，取得 B 公司 60%的股份。该固定资产原值 1 500 万元，已计提折旧 400 万元，已提取减值准备 50 万元，7 月 1 日该固定资产公允价值为 1 250 万元。B 公司 2×01 年 7 月 1 日所有者权益为 2 000 万元。甲公司该项长期股权投资的成本为( )万元。

     A. 1 500　　　　　　B. 1 050　　　　　　C. 1 200　　　　　　D. 1 250

17. 非企业合并，且以支付现金取得的长期股权投资，应当按照( )作为初始投资成本。

     A. 实际支付的购买价款及相关费用

     B. 被投资企业所有者权益账面价值的份额

     C. 被投资企业所有者权益公允价值的份额

     D. 被投资企业所有者权益

18. 非企业合并，且以发行权益性证券取得的长期股权投资，应当按照发行权益性证券的( )作为初始投资成本。

     A. 账面价值　　　　　　　　　　　B. 公允价值

     C. 支付的相关发行费用　　　　　　D. 公允价值及支付的相关发行费用

19. 投资者投入的长期股权投资，如果合同或协议约定价值是公允的，应当以( )作为初始投资成本。

     A. 投资合同或协议约定的价值　　　B. 账面价值

     C. 公允价值　　　　　　　　　　　D. 市场价值

20. 甲公司出资 600 万元，取得了乙公司 60%的控股权，甲公司对该项长期股权投资应采用( )核算。

     A. 权益法　　　　B. 成本法　　　　C. 市价法　　　　D. 成本与市价孰低法

21. 《企业会计准则第 2 号——长期股权投资》规定，长期股权投资采用权益法核算时，初始投资成本大于应享有被投资单位可辨认资产公允价值份额之间的差额，正确的会计处理是( )。

     A. 计入投资收益　　　　　　　　　B. 冲减资本公积

     C. 计入营业外支出　　　　　　　　D. 不调整初始投资成本

22. 《企业会计准则第 2 号——长期股权投资》规定,长期股权投资采用权益法核算时,下列各项不会引起长期股权投资账面价值减少的是(   )。

  A. 被投资单位对外捐赠   B. 被投资单位发生净亏损

  C. 被投资单位计提盈余公积   D. 被投资单位宣告发放现金股利

23. A 公司 2×06 年年初按投资份额出资 180 万元对 B 公司进行长期股权投资,占 B 公司股权比例的 40%。当年 B 公司亏损 100 万元;2×07 年 B 公司亏损 400 万元;2×08 年 B 公司实现净利润 30 万元。2×08 年 A 公司计入投资收益的金额为(   )万元。

  A. 12   B. 10   C. 8   D. 0

二、多项选择题

1. 采用权益法核算时,下列各项中,不会引起长期股权投资账面价值发生变动的有(   )。

  A. 收到被投资单位分派的股票股利 B. 被投资单位实现净利润

  C. 被投资单位以资本公积转增资本 D. 计提长期股权投资减值准备

2. 采用权益法核算时,能引起长期股权投资账面价值增减变动的事项有(   )。

  A. 收到现金股利   B. 收到股票股利

  C. 被投资企业实现净利润   D. 被投资企业发生净亏损

3. 投资企业与被投资单位存在(   )关系时,投资方应采用权益法核算该长期股权投资。

  A. 控制   B. 重大影响   C. 无重大影响   D. 共同控制

4. 采用权益法核算时,可能计入"长期股权投资"科目贷方发生额的是(   )。

  A. 被投资单位宣告现金股利   B. 被投资单位收回长期股权投资

  C. 被投资单位发生亏损   D. 被投资单位实现净利润

5. 关于长期股权投资权益法核算,下列说法中正确的有(   )。

  A. 在持股比例不变的情况下,投资企业对于被投资单位除净损益以外所有者权益的其他变动,应当调整长期股权投资的账面价值并计入当期损益

  B. 投资企业按照被投资单位宣告分派的利润或现金股利计算应分得的部分,相应减少长期股权投资的账面价值

  C. 投资企业确认被投资单位发生的净亏损,应当以长期股权投资的账面价值以及其他实质上构成对被投资单位净投资的长期权益减记至零为限,投资企业负有承担额外损失义务的除外

  D. 投资企业在确认应享有被投资单位净损益的份额时,应当以取得投资时被投资单位各项可辨认资产等的公允价值为基础,对被投资单位的净利润进行调整后确认

6. 关于长期股权投资的处置,下列说法中正确的有(   )。

  A. 采用成本法核算的长期股权投资,处置长期股权投资时,其账面价值与实际取得价款的差额,应当计入当期损益

  B. 采用权益法核算的长期股权投资,因被投资单位除净损益以外所有者权益的其他变动而计入所有者权益的,处置该项投资时应当将原计入所有者权益的部分按相应比例转入当期损益

C. 采用成本法核算的长期股权投资，处置长期股权投资时，其账面价值与实际取得价款的差额，应当计入所有者权益

D. 采用权益法核算的长期股权投资，因被投资单位除净损益以外所有者权益的其他变动而计入所有者权益的，处置该项投资时不应当将原计入所有者权益的部分转入当期损益，应按其账面价值与实际取得价款的差额，计入当期损益

7. 采用权益法核算时，可能计入"长期股权投资——××公司(损益调整)"科目贷方发生额的是(   )。

    A. 被投资企业宣告分派现金股利　　　　B. 投资企业收回长期股权投资

    C. 被投资企业发生亏损　　　　　　　　D. 被投资企业实现净利润

8. 下列条件中，可确认投资企业对被投资单位具有重大影响的是(   )。

    A. 在被投资单位的董事会或类似的权力机构中派有代表

    B. 参与被投资单位的政策制定过程

    C. 向被投资单位派出管理人员

    D. 直接持有被投资单位20%或以上至50%的表决权资本

9. 关于同一控制下的企业合并，下列说法中正确的有(   )。

    A. 合并方以支付现金、转让非现金资产或承担债务方式作为合并对价的，应当在合并日按照取得被合并方所有者权益账面价值的份额作为长期股权投资的初始投资成本

    B. 合并方以支付现金、转让非现金资产或承担债务方式作为合并对价的，应当在合并日按照取得被合并方可辨认净资产公允价值的份额作为长期股权投资的初始投资成本

    C. 长期股权投资初始投资成本与支付的现金、转让的非现金资产以及所承担债务账面价值之间的差额，应当调整资本公积；资本公积不足冲减的，调整留存收益

    D. 长期股权投资初始投资成本与支付的现金、转让的非现金资产以及所承担债务账面价值之间的差额，应当计入当期损益

10. 在同一控制下的企业合并中，合并方取得的净资产账面价值与支付的合并对价账面价值(或发行股份面值总额)的差额，可能调整(   )。

    A. 盈余公积　　　　B. 资本公积　　　　C. 营业外收入　　　D. 未分配利润

11. 在非企业合并情况下，下列各项中，应作为长期股权投资取得时初始成本入账的有(   )。

    A. 投资时支付的不含应收股利的价款

    B. 为取得长期股权投资而发生的评估、审计、咨询费用

    C. 投资时支付的税金、手续费

    D. 投资时支付款项中所含的已宣告而尚未领取的现金股利

12. 《企业会计准则第 2 号——长期股权投资》规定，长期股权投资采用成本法核算时，下列各项中会引起长期股权投资账面价值变动的有(   )。

    A. 追加投资　　　　　　　　　　　　　B. 减少投资

    C. 被投资企业实现净利润　　　　　　　D. 被投资企业宣告发放现金股利

13. 对长期股权投资采用权益法核算时，被投资企业发生的下列事项中，投资企业应该调整长期股权投资账面价值的有(　　)。

A. 被投资企业实现净利润
B. 被投资企业宣告分配现金股利
C. 被投资企业购买固定资产
D. 被投资企业计提盈余公积

14. 企业处置长期股权投资时，正确的处理方法有(　　)。

A. 处置长期股权投资，其账面价值与实际取得价款的差额，应当计入投资收益
B. 处置长期股权投资，其账面价值与实际取得价款的差额，应当计入营业外收入
C. 采用权益法核算的长期股权投资，因被投资单位除净损益以外所有者权益的其他变动而计入所有者权益的，处置该项投资时应当将原计入所有者权益的部分按相应比例转入投资收益
D. 采用权益法核算的长期股权投资，因被投资单位除净损益以外所有者权益的其他变动而计入所有者权益的，处置该项投资时应当将原计入所有者权益的部分按相应比例转入营业外收入

三、判断题

1. 长期股权投资采用成本法核算，投资后收到的现金股利和股票股利均应确认为投资收益。　　　　　　　　　　　　　　　　　　　　　　　　　　　　　　　(　　)

2. 采用权益法时，投资前被投资单位实现的净利润应包括在投资成本中，不单独核算。

(　　)

3. 采用权益法时，被投资企业宣告发放股票股利时，投资企业不做账务处理。　(　　)

4. 采用权益法时，长期股权投资的初始投资成本小于投资时应享有被投资单位可辨认净资产公允价值份额的，应按其差额调增长期股权投资，并计入投资收益。　　(　　)

5. 投资企业只要持有被投资企业的股权比例超过20%就应采用权益法核算；反之，则采用成本法核算。　　　　　　　　　　　　　　　　　　　　　　　　　　　(　　)

6. 长期股权投资采用成本法核算的，应按被投资单位宣告发放的现金股利或利润中属于本企业的部分，借记"应收股利"科目，贷记"投资收益"科目；属于被投资单位在本企业取得投资前实现净利润的分配额，应该借记"应收股利"科目，贷记"资本公积"科目。　(　　)

7. 采用权益法核算的长期股权投资的初始投资成本大于投资时应享有被投资单位可辨认净资产公允价值份额的，其差额计入长期股权投资中。　　　　　　　　　　(　　)

8. 合并方在企业合并中取得被合并方100%的股权，不一定属于吸收合并。　(　　)

9. 非同一控制下的企业合并，合并成本以企业作为对价所付出的资产、发生或者承担的负债，以及发行权益性证券的公允价值进行计量。所支付的非货币性资产在购买日的公允价值与账面价值的差额计入资本公积。　　　　　　　　　　　　　　　　　　(　　)

四、问答题

1. 什么是长期股权投资？长期股权投资包括哪些内容？
2. 什么是成本法？成本法适用的范围如何？
3. 什么是权益法？权益法适用的范围如何？

第二部分　业务能力测试

1. A 公司于 2×07 年 1 月 1 日以 1035 万元(含支付的相关税费 1 万元)购入 B 公司股票 400 万股，占 B 公司实际发行在外股数的 30%，A 公司采用权益法核算此项投资。2×07 年 1 月 1 日，B 公司可辨认净资产公允价值为 3000 万元。取得投资时，B 公司的固定资产公允价值为 300 万元，账面价值为 200 万元，固定资产预计使用年限为 10 年，净残值为 0，按直线法计提折旧。2×07 年 1 月 1 日，B 公司的无形资产公允价值为 100 万元，账面价值为 50 万元，预计使用年限为 5 年，净残值为 0，按照直线法摊销。2×07 年 B 公司实现净利润 200 万元。

要求：完成 A 公司上述有关投资业务的会计分录(金额单位为万元)。

2. A 公司以银行存款 2 000 万元取得 B 公司 30%的股权，A 公司能够对 B 公司施加重大影响。取得投资时，被投资单位可辨认净资产的公允价值假定有以下两种情况：

(1) 被投资单位可辨认净资产的公允价值为 6 000 万元。

(2) 被投资单位可辨认净资产的公允价值为 7 000 万元。

要求：分别对以上两种情况进行会计处理。

3. 甲公司 2×09 年 3 月 1 日—2×11 年 1 月 5 日发生下列与长期股权投资有关的经济业务：

(1) 2×09 年 3 月 1 日，甲公司从证券市场上购入乙公司发行在外 30%的股份并准备长期持有，能够对乙公司施加重大影响，实际支付款项 2 000 万元(含已宣告但尚未发放的现金股利 60 万元)，另支付相关税费 10 万元。2×09 年 3 月 1 日，乙公司可辨认净资产公允价值为 6 600 万元。

(2) 2×09 年 3 月 20 日，收到现金股利。

(3) 2×09 年 12 月 31 日，乙公司其他权益工具投资的公允价值变动使乙公司其他综合收益增加了 200 万元。

(4) 2×09 年，乙公司实现净利润 510 万元，其中 1 月份和 2 月份共实现净利润 100 万元，假定乙公司除一台设备外，其他资产的公允价值与账面价值相等。该设备 2×09 年 3 月 1 日的账面价值为 400 万元，公允价值为 520 万元，采用年限平均法计提折旧，预计尚可使用年限为 10 年，无残值。

(5) 2×10 年 3 月 10 日，乙公司宣告分派现金股利 100 万元。

(6) 2×10 年 3 月 25 日，收到现金股利。

(7) 2×10 年，乙公司实现净利润 612 万元。

(8) 2×11 年 1 月 5 日，甲公司将持有乙公司 5%的股份对外转让，收到款项 390 万元并存入银行。转让后，甲公司持有乙公司 25%的股份，对乙公司仍具有重大影响。

假定不考虑所得税的影响，金额单位用万元表示。

要求：

(1) 编制上述有关业务的会计分录。

(2) 计算 2×11 年 1 月 5 日出售部分股份后长期股权投资的账面价值。

4. 2×01 年 1 月 1 日，甲公司以银行存款 100 万元取得乙公司表决权资本 30%，对乙公司具有重大影响。2×01 年 1 月 1 日，乙公司可辨认净资产账面价值及公允价值均为 400 万元。

2×01 年 2 月 10 日，乙公司宣告现金股利 100 万元，5 日后收到。

2×01 年，乙公司实现净利润 150 万元。

2×02 年 2 月 20 日，乙公司宣告现金股利 50 万元。

2×02 年 10 月 20 日，乙公司购入一项金融资产(划分为其他债权投资)，成本为 50 万元，年末公允价值为 80 万元。

2×02 年，乙公司实现净利润 50 万元。

2×03 年 1 月 12 日，甲公司将乙公司全部出售，出售价款为 150 万元，全部存入银行。

要求：对以上甲公司长期股权投资进行会计处理。

5. 2×07 年 1 月 1 日，A 公司以银行存款 500 万元取得 B 公司 80%的股份。该项投资属于非同一控制下的企业合并。乙公司所有者权益的账面价值为 700 万元。2×07 年 5 月 2 日，B 公司宣告分配 2×06 年度现金股利 100 万元，2×07 年度 B 公司实现利润 200 万元。2×08 年 5 月 2 日，B 公司宣告分配 2×07 年度现金股利 300 万元，2×08 年度 B 公司实现利润 300 万元。2×09 年 5 月 2 日，B 公司宣告分配 2×08 年度现金股利 200 万元。

要求：做出 A 公司上述股权投资的会计处理。

6. 2×07 年 1 月 1 日，甲上市公司以其库存商品对乙企业投资，投出商品的成本为 180 万元，公允价值和计税价格均为 200 万元，增值税税率为 13%(不考虑其他税费)。甲上市公司对乙企业的投资占乙企业注册资本的 20%，甲上市公司采用权益法核算该项长期股权投资。2×07 年 1 月 1 日，乙企业所有者权益总额为 1 000 万元(假定为公允价值)。乙企业 2×07 年实现净利润 600 万元，2×08 年发生亏损 2 200 万元。假定甲企业账上有应收乙企业的长期应收款 80 万元。2×09 年，乙企业实现净利润 1 000 万元。

要求：根据上述资料，编制甲上市公司对乙企业投资及确认投资收益的会计分录(金额单位为万元)。

7. 2×07 年 1 月 1 日，A 公司以 950 万元(含支付的相关费用 10 万元)购入 B 公司股票 400 万股，每股面值 1 元，占 B 公司发行在外股份的 20%，A 公司采用权益法核算该项投资。投资时，B 公司股票可辨认净资产账面价值和公允价值均为 5 000 万元。

2×07 年，B 公司实现净利润 600 万元，提取盈余公积 120 万元。

2×08 年，B 公司实现净利润 800 万元，提取盈余公积 160 万元，宣告发放现金股利 100 万元，A 公司已经收到。2×08 年，B 公司由于其他权益工具投资公允价值变动增加其他综合收益 200 万元。2×08 年年末，该项股权投资的可收回金额为 1 200 万元。

2×09 年 1 月 5 日，A 公司转让对 B 公司的全部投资，实得价款 1 300 万元。

要求：编制 A 公司上述有关投资业务的会计分录(金额单位为万元)。

项目七　固定资产核算能力

【学习目标】

通过本项目的学习，学生应了解固定资产的性质、分类；掌握固定资产初始入账价值的确定原则，并正确确定固定资产的取得成本；掌握固定资产取得的核算；掌握计提固定资产折旧的范围、方法和会计处理；掌握固定资产后续支出的处理原则和核算。掌握固定资产处置和清查的核算；掌握固定资产减值的确认、计量和会计处理。

【学习指导】

本项目主要介绍固定资产初始核算、固定资产后续核算和固定资产处置核算。

(1) 固定资产是指同时具有下列特征的有形资产：①为生产商品、提供劳务、出租或经营管理而持有的；②使用寿命超过一个会计年度。固定资产按经济用途和使用情况可分为生产经营用固定资产、非生产经营用固定资产、经营租出固定资产、不需用固定资产、未使用固定资产、融资租入固定资产、土地。

(2) 固定资产应当按照成本进行初始计量。企业外购固定资产的成本包括购买价款、相关税费，以及使固定资产达到预定可使用状态前所发生的可归属于该项资产的运输费、装卸费、安装费和专业人员服务费等；自行建造固定资产的成本，由建造该项资产达到预定可使用状态前所发生的必要支出构成；投资者投入固定资产的成本，应当按照投资合同或协议约定的价值确定，但合同或协议约定价值不公允的除外。

(3) 固定资产折旧是指在固定资产的使用寿命内，按照确定的方法对应计折旧额进行的系统分摊。影响固定资产折旧的因素主要有固定资产原价、预计净残值、固定资产减值准备、固定资产的使用寿命。

(4) 企业应当对所有的固定资产计提折旧，但是已提足折旧仍继续使用的固定资产和单独计价入账的土地除外。企业应当根据与固定资产有关的经济利益的预期实现方式，合理选择折旧方法，可选用的折旧方法包括年限平均法、工作量法、双倍余额递减法和年数总和法等。固定资产应当按月计提折旧，计提的折旧应通过"累计折旧"科目核算，并根据用途计入相关资产的成本或者当期损益。

(5) 固定资产的后续支出是指固定资产使用过程中发生的更新改造支出、修理费用等。后续支出的处理原则为：符合固定资产确认条件的，应当计入固定资产成本，同时将被替换部分的账面价值扣除；不符合固定资产确认条件的，应当计入当期损益。

(6) 当企业判定固定资产存在减值迹象的，应当进行减值测试，估计可收回金额，并与账面价值比较，若估计可收回金额低于账面价值的，应计提固定资产减值准备。固定资产减值损失一经确认，在以后会计期间不得转回。

(7) 企业会定期或者至少于每年年末对固定资产进行清查盘点。固定资产盘盈应作为前期差错，计入"以前年度损益调整"科目。固定资产盘亏，应先计入"待处理财产损溢——待处理固定资产损溢"科目，造成的损失，应当计入当期损益。

(8) 企业因出售、报废或毁损、对外投资、非货币性资产交换、债务重组等原因减少固定资产。固定资产的处置一般通过"固定资产清理"科目进行核算。

【重点与难点】

(1) 固定资产的初始计量。
(2) 固定资产取得的会计处理。
(3) 固定资产折旧的范围和方法。
(4) 固定资产后续支出的处理原则和会计处理。
(5) 固定资产的处置和清查的核算。
(6) 固定资产减值的确认和计量。

【同步强化练习题】

第一部分　知识能力测试

一、单项选择题

1. A 企业购入一台不需要安装的设备，增值税专用发票上设备买价 30 000 元，增值税 3 900 元，运杂费 1 500 元(不考虑增值税)，则该设备的初始计量成本为(　　)元。

　　A. 35 400　　　　　　B. 33 900　　　　　　C. 31 500　　　　　　D. 30 000

2. 甲公司购入一台需要安装的生产用机器设备，支付的允许抵扣的增值税计入(　　)科目。

　　A. "在建工程"　　B. "固定资产"　　C. "制造费用"　　D. "应交税费"

3. 企业生产线改扩建过程中被替换原固定资产的某组成部分的账面价值应贷记(　　)科目。

　　A. "营业外收入"　　　　　　　　B. "其他业务收入"

　　C. "管理费用"　　　　　　　　　D. "在建工程"

4. 企业购进一台设备，采用分期付款方式，设备已经达到预定可使用状态，未确认融资费用的分摊额，应计入的会计科目是(   )。

    A. "在建工程"   B. "固定资产"   C. "财务费用"   D. "制造费用"

5. 某企业对生产线进行扩建。该生产线原价为 1 500 万元，已提折旧 500 万元。扩建生产线时发生扩建支出 600 万元，假定该项支出符合固定资产确认条件，同时在扩建时处理残料发生变价收入 50 万元。该生产线新的原价应为(   )万元。

    A. 2 100   B. 2 050   C. 1 600   D. 1 550

6. 企业生产车间(部门)发生的固定资产修理费用等后续支出应计入(   )科目。

    A. "管理费用"   B. "制造费用"   C. "生产成本"   D. "销售费用"

7. 固定资产计提折旧将影响企业的资产负债表中(   )项目发生变化。

    A. 资产净值   B. 负债

    C. 固定资产   D. 对资产和负债均无影响

8. 下列固定资产中，应计提折旧的是(   )。

    A. 未提足折旧提前报废的设备   B. 闲置的设备

    C. 已提足折旧继续使用的设备   D. 经营租赁租入的设备

9. 未使用的固定资产，其计提的折旧应计入(   )。

    A. 制造费用   B. 管理费用   C. 生产成本   D. 销售费用

10. A 企业一台设备原价 200 万元，预计生产产品产量为 600 万件，预计净残值率为 5%，本月生产产品 10 万件，采用工作量法计提折旧，则该台机器设备的本月折旧额是(   )万元。

    A. 2.67   B. 2.63   C. 3.17   D. 3.4

11. 2×06 年 9 月 1 日，甲公司购入一条不需要安装的生产线。原价为 996 万元，预计使用年限为 5 年，预计净残值为 60 万元，按年数总和法计提折旧。该固定资产 2×07 年应计提的折旧额是(   )万元。

    A. 312   B. 296.4   C. 234   D. 192.56

12. 甲公司购入一项固定资产，入账价值为 30 万元，预计可使用年限为 5 年，预计残值为 2.5 万元。企业对该项固定资产采用双倍余额递减法计提折旧，则第 4 年对该项固定资产计提的折旧额为(   )万元。

    A. 1.99   B. 2.592   C. 3.24   D. 4.32

13. 某项固定资产的原值为 100 000 元，预计净残值率为 1%，预计使用年限为 5 年。采用年数总和法计提折旧，第二年的折旧额为(   )元。

    A. 30 000   B. 26 400   C. 18 000   D. 45 000

14. 2×09 年 1 月 1 日，A 企业对 2×05 年 1 月 1 日购入的一台生产用设备进行改良，该设备原价 100 万元，改良前设备预计可使用寿命为 10 年，预计无残值，已提折旧 40 万元，共发生改良支出 10.8 万元。2×09 年 3 月 1 日，该设备交付使用，可使其使用寿命延长 4 年。每年对该设备计提折旧(   )万元。

    A. 7.2   B. 6   C. 10   D. 4

15. A 企业一项固定资产通过测算预计未来现金流量的现值为 1 000 000 元，公允价值为 1 030 000 元，预计处置费用 20 000 元，固定资产账面价值后的净额为 1 100 000 元，应计提减值准备(　　)元。

  A. 100 000　　　　　B. 90 000　　　　　C. 10 000　　　　　D. 80 000

  16. 固定资产盘盈时，在按管理权限报经批准处理前，应通过(　　)科目进行核算。

  A. "制造费用"　　　　　　　　　　B. "管理费用"

  C. "营业外收入"　　　　　　　　　D. "以前年度损益调整"

  17. A 企业对某仓库进行清理，原值 150 万元，已提折旧 91 万元，清理时发生清理费用 5 万元，不含税收入 80 万元，假定该建筑物属于 2016 年 5 月 1 日后自建的不动产，适用的增值税税率为 9%。该固定资产的清理净收益为(　　)万元。

  A. 16　　　　　　　B. 25　　　　　　　C. 28　　　　　　　D. 20

  18. A 企业年末组织人员对固定资产进行清查时，发现生产车间丢失一台电机，无法查明原因，经批准作为损失处理应计入的会计科目是(　　)。

  A. "管理费用"　　　　　　　　　　B. "营业外支出"

  C. "资产处置损溢"　　　　　　　　D. "固定资产清理"

二、多项选择题

  1. 固定资产的特征包括(　　)。

  A. 为生产商品、提供劳务、出租或经营管理而持有

  B. 使用寿命超过一个会计年度

  C. 具有实物形态

  D. 单位价值较高

  2. 下列各项中，属于企业的固定资产有(　　)。

  A. 经营性租入的设备　　　　　　　B. 融资租入的设备

  C. 经营性租出的设备　　　　　　　D. 未使用的设备

  3. 可以计入外购机械设备入账价值的项目有(　　)。

  A. 允许抵扣的增值税　　　　　　　B. 运输费、装卸费、安装费

  C. 专业人员服务费　　　　　　　　D. 购买价款

  4. 企业采用分期付款方式购买固定资产，未确认融资费用的摊销应计入(　　)科目。

  A. "长期待摊费用"　　　　　　　　B. "未确认融资费用"

  C. "财务费用"　　　　　　　　　　D. "管理费用"

  5. 自营方式建造基建工程，应计入固定资产入账价值的项目有(　　)。

  A. 领用工程物资　　　　　　　　　B. 在建工程领用本厂产品应交的增值税

  C. 领用生产用原材料原抵扣的增值税　　D. 在建工程发生的工程管理费

  6. 下列项目中，通过"在建工程"科目核算的有(　　)。

  A. 购入不需要安装的固定资产

  B. 购入需要安装的固定资产

  C. 出包方式建造固定资产支付给承包商的工程款

  D. 转入改良的固定资产

7. 下列各项业务中，能够使固定资产账面价值发生增减变动的有(　　)。

    A. 经营租入固定资产的改良支出　　　　B. 对固定资产进行改扩建

    C. 对固定资产进行日常修理　　　　　　D. 计提固定资产折旧

8. 影响固定资产折旧的因素主要有(　　)。

    A. 固定资产原价　　　　　　　　　　　B. 预计净残值

    C. 固定资产减值准备　　　　　　　　　D. 固定资产的使用寿命

9. 下列固定资产中，按规定应计提折旧的是(　　)。

    A. 当月减少的固定资产

    B. 已提足折旧仍继续使用的固定资产

    C. 已达到预定可使用状态但尚未办理竣工决算的固定资产

    D. 经营性租入的设备

10. 下列固定资产中，按规定不应计提折旧的是(　　)。

    A. 当月增加的固定资产　　　　　　　　B. 闲置不用的固定资产

    C. 经营性租入的设备　　　　　　　　　D. 融资租入的设备

11. 企业应当根据与固定资产有关的经济利益的预期实现方式，合理选择折旧方法，可选用的折旧方法包括(　　)。

    A. 年限平均法　　　　　　　　　　　　B. 工作量法

    C. 双倍余额递减法　　　　　　　　　　D. 年数总和法

12. 下列固定资产的相关损失项目中，应计入营业外支出的是(　　)。

    A. 固定资产非正常报废净损失　　　　　B. 企业对外捐赠支出

    C. 出售固定资产的净损失　　　　　　　D. 经批准结转的固定资产盘亏净损失

13. 计提的折旧根据用途计入相关资产的成本或者当期损益，涉及的科目有(　　)。

    A. "管理费用"　　　　　　　　　　　　B. "制造费用"

    C. "营业外支出"　　　　　　　　　　　D. "其他业务成本"

14. 下列各项中，属于固定资产改良的有(　　)。

    A. 改建、扩建使固定资产的使用年限延长

    B. 改建、扩建使固定资产的生产能力提高

    C. 使产品质量提高、使生产成本降低

    D. 企业将对固定资产进行必要的维护，保证固定资产正常运转和使用

15. 固定资产的修理费用根据支出发生的部门及原因不同应计入(　　)科目。

    A. "固定资产"　　　　　　　　　　　　B. "管理费用"

    C. "在建工程"　　　　　　　　　　　　D. "销售费用"

16. 下列情况中，固定资产可能发生减值有(　　)。

    A. 如果出现了固定资产的市价在当期大幅度下降，其跌幅明显高于因时间推移或正常使用而预计的下跌

    B. 如果企业经营所处的经济、技术或者法律等环境及固定资产所处的市场在当期或者将在近期发生重大变化，从而对企业产生不利影响

C. 如果市场利率或者其他市场投资报酬率在当期已经提高，从而影响企业计算固定资产预计未来现金流量现值的折现率，导致固定资产可收回金额大幅度降低等

D. 大修理停用的固定资产

17. 下列各项中，通过"固定资产清理"科目核算的有( )。

A. 盘亏的固定资产　　　　　　　　　B. 出售的固定资产

C. 对外投资的固定资产　　　　　　　D. 报废或损毁的固定资产

18. 下列各项中，通过"固定资产清理"科目借方登记的有( )。

A. 转出的清理净损失　　　　　　　　B. 固定资产转入清理时的账面价值

C. 固定资产出售收入　　　　　　　　D. 发生清理费用

19. 下列各项中，通过"固定资产清理"科目贷方登记的有( )。

A. 清理的残料价值或变价收入　　　　B. 转出的清理净损失

C. 清理的应向保险公司索赔的赔款　　D. 发生清理费用

20. 在计提固定资产折旧时，体现谨慎性的折旧方法是( )。

A. 平均年限法　　　　　　　　　　　B. 工作量法

C. 双倍余额递减法　　　　　　　　　D. 年数总和法

三、判断题

1. 企业在确定固定资产成本时必须取得确凿证据，企业对于已达到预定可使用状态但尚未办理竣工决算的固定资产，固定资产成本不能可靠地计量，不能确认为固定资产。( )

2. 固定资产成本包括企业为购建某项固定资产达到预定可使用状态前所发生的一切合理的、必要的支出。( )

3. 折旧方法只影响各年的计提折旧总额，但不影响折旧总额。( )

4. 双倍余额递减法和年数总和法每期的折旧额都是递减的。( )

5. 固定资产的大修理费用和日常修理费用，不符合固定资产确认条件的，应当根据不同情况分别在发生时计入当期管理费用或销售费用等。( )

6. 投资者投入固定资产的成本，应当按照投资合同或协议约定的价值确定，但合同或协议约定价值不公允的除外。( )

7. 企业对经营租入的固定资产和融资租入的固定资产均应按照自有资产对其计提折旧。( )

8. 季节性停用的大型设备不计提折旧。( )

9. 转入改扩建的固定资产停止计提折旧，而进行大修理的固定资产则照提折旧。( )

10. 固定资产减值损失确认后，在以后会计期间固定资产价值可以转回。( )

11. 固定资产可收回金额，应当按该固定资产的公允价值减去处置费用后的净额与预计未来现金流量的现值两者之中的较高者来确定。( )

12. 固定资产盘盈应作为前期差错计入"以前年度损益调整"科目。( )

13. 企业在财产清查中盘亏的固定资产作为前期差错计入"以前年度损益调整"科目。( )

14. 企业在财产清查中盘亏的固定资产应通过"固定资产清理"核算。 （　　）

15. 固定资产出售、报废、毁损的账务处理完全相同。 （　　）

16. 固定资产账面价值=固定资产原值-累计折旧-固定资产减值准备。 （　　）

四、问答题

1. 什么是固定资产？固定资产有哪些特征？

2. 固定资产按经济用途和使用情况可分为哪些类型？

3. 外购固定资产的成本如何确定？

4. 什么是固定资产折旧？影响固定资产折旧的因素有哪些？

5. 简述固定资产后续支出的处理原则。

第二部分　业务能力测试

1. 某企业于 2×19 年年初自行建造一项大型生产设备，购入为工程准备的各种物资，取得增值税专用发票，价格 100 000 元，增值税 13 000 元，款项已付。建造设备实际领用工程物资 90%，剩余物资转作企业生产用原材料；另外还领用了企业生产用的原材料一批，实际成本为 10 000 元，原抵扣的进项税额 1 300 元；分配工程人员工资 56 000 元。工程于 2×20 年 4 月达到预定可使用状态并交付使用。该企业对该项固定资产采用年数总和法计提折旧，预计使用年限为 5 年，预计净残值率为 3 000 元。

要求：

(1) 编制 2×19 年与工程物资和固定资产购建有关的会计分录。

(2) 计算 2×21 年该项固定资产的折旧额并编写会计分录。

2. 甲公司为一般纳税人，2×01 年 2 月 10 日购入一台需要安装的生产设备，取得增值税专用发票，价格为 800 000 元，增值税为 104 000 元，以银行存款支付。安装过程中领用原材料 100 000 元，原抵扣的进项税额为 13 000 元；发生安装工人工资 100 000 元。2×01 年 6 月 20 日安装完毕投入使用，预计使用年限 10 年，预计净残值 100 000 元，采用直线法计提折旧。2×04 年 3 月 31 日，企业因转产不再需要该设备，将其出售，售价为 600 000 元，增值税 78 000 元，发生清理费用 10 000 元，以上款项以银行存款结算。

要求：编制以上业务的会计分录。

3. 甲公司为一般纳税人，2×01 年 12 月 31 日购入一台生产用设备，价格为 1 000 000 元，增值税为 130 000 元，以银行存款支付。预计使用年限为 10 年，预计净残值为 100 000 元，采用直线法计提折旧。2×03 年 12 月 31 日可收回金额为 740 000 元，假定计提减值准备后预计使用年限、预计净残值、计提折旧方法不变。2×05 年 6 月 20 日将该生产用设备出售，售价为 500 000 元，增值税 80 000 元，发生清理费用 10 000 元，以上款项以银行存款结算。

要求：编制以上业务的会计分录。

4. 2×08 年，A 公司发生如下固定资产处置业务：

(1) 2×08 年 4 月 10 日，A 公司因经营方针调整出售一个闲置的仓库，账面原值 2 000 000 元，已提折旧 320 000 元，出售价格为 2 800 000 元，假定该建筑物属于 2016 年 5 月 1 日后自建的不动产，适用的增值税税率为 9%，款项已存银行。另以银行存款支出清理费 6 000 元，相关税费不予考虑。

(2) 2×08 年 5 月 26 日，A 公司的一台设备由于技术工序落后提前报废，该设备的账面原值 100 000 元，已提折旧 3 0000 元，已计提减值准备 8 000 元，清理中发生的清理支出 4 000 元，报废残料变价收入 5 000 元，应交增值税 650 元，以上款项以银行存款结算，其他相关税费不予考虑。

(3) 2×08 年 7 月 3 日，A 公司因自然灾害遭遇火灾毁损一间仓库，原值 100 000 元，已提折旧 10 000 元，已入库的残料 50 000 元，以银行存款付清理费 3 000 元，经保险公司确定赔偿损失额 20 000 元，赔款尚未收到，相关税费不予考虑。

要求：假定不考虑其他因素，编制上述业务的会计分录。

5. 2×07 年 12 月 31 日，A 公司在年末盘点时盘亏设备一台，账面原价 90 000 元，原抵扣进项税额为 11 700 元，已提折旧 36 000 元，经批准，设备管理员赔偿 20 000 元，其余作为损失处理。同时发现未入账设备一台，同类新设备市场价格 20 000 元，八成新，企业所得税税率为 25%，按净利润 10%的计提法定盈余公积。

要求：编制上述业务的会计分录。

6. 鑫海有限责任公司建造一栋厂房，资料如下：

(1) 2×18 年 9 月 1 日，购入工程物资，取得增值税专用发票，价格 1 000 000 元，增值税 130 000 元，款项已付。

(2) 建造过程中，累计领用工程物资 900 000 元，剩余工程物资转作企业生产用原材料。

(3) 2×19 年 4 月 5 日，领用了企业生产用的原材料一批，实际成本为 50 000 元，原抵扣的进项税额 8 000 元；发生应付工程人员工资 250 000 元。

(4) 工程于 2×19 年 6 月 20 日达到预定可使用状态并交付使用。预计使用年限 10 年，预计净残值率为 10%，采用直线法计提折旧。

(5) 2×22 年 12 月 31 日，由于企业生产规模扩大，鑫海有限责任公司决定对厂房进行改扩建，从 2×23 年 1 月 1 日进入改扩建期间。改扩建期间发生支出 628 000 元，其中领用工程物资 400 000 元，工程人员工资 150 000 元，银行存款支付其他费用 78 000 元。拆除部分账面价值为 20 000 元。

(6) 2×23 年 6 月 30 日，厂房改扩建成功，寿命延长 5 年，预计净残值率仍为 10%，采用直线法计提折旧。

(7) 2×27 年 3 月 20 日，由于公司厂址搬迁，公司决定将该厂房整体对外出售。出售价格 100 万元，适用的增值税税率为 9%，款项已收到并存入银行。

要求：

(1) 编制 2×18 年 9 月 1 日购入工程物资的会计分录；

(2) 编制领用工程物资、剩余工程物资转作企业生产用原材料的会计分录；

(3) 编制 2×19 年 4 月 5 日领用生产用原材料、发生应付工程人员工资会计分录；

(4) 编制工程于 2×19 年 6 月 20 日达到预定可使用状态并交付使用的会计分录；

(5) 编制 2×19 年投入使用后每个月计提折旧的会计分录；

(6) 编制 2×23 年 1 月 1 日厂房进行改扩建的会计分录；

(7) 编制 2×23 年 6 月 30 日厂房改扩建成功的会计分录；

(8) 编制 2×23 年改扩建成功后每个月计提折旧的会计分录；

(9) 编制 2×27 年 3 月 20 日厂房出售的会计分录。

项目八　**无形资产核算能力**

【学习目标】

通过本项目学习，学生应理解无形资产的特征与内容；掌握无形资产初始计量和后续核算；掌握无形资产取得、摊销和处置的核算，尤其是内部研发支出的确认和核算。

【学习指导】

本项目主要介绍无形资产初始核算和无形资产后续核算。

(1) 无形资产是指企业拥有或控制的没有实物形态的可辨认非货币性资产，主要包括专利权、非专利技术、商标权、著作权、土地使用权、特许权等。

(2) 无形资产应当按照成本进行初始计量。外购的无形资产的成本包括购买价款、相关税费及其他归属于使该项资产达到预定用途所发生的其他支出；企业自行开发无形资产发生的研发支出，不满足资本化条件的，计入当期损益，满足资本化条件的，计入无形资产成本，但需要先在"研发支出"科目中归集；投资者投入的无形资产的成本，应当按照投资合同或协议约定的价值确定，但投资合同或协议约定的价值不公允的除外。

(3) 企业应当于取得无形资产时分析判断其使用寿命。使用寿命有限的无形资产，应在其预计的使用寿命内采用系统、合理的方法进行摊销；使用寿命不确定的无形资产，在持有期间内不需要摊销，但应当在每个会计期间进行减值测试。

(4) 当估计无形资产的可收回金额低于账面价值时，应计提无形资产减值准备，减值损失一经确定不得转回。

(5) 企业出租无形资产，按收取的租金收入，计入"其他业务收入"科目，发生的费用支出，计入"其他业务成本"科目。

(6) 企业出售无形资产，取得的净收益计入"营业外收入"科目，发生的净损失计入"营业外支出"科目。

【重点与难点】

(1) 无形资产取得的核算。

(2) 内部研发支出的核算。

(3) 无形资产摊销的核算。

(4) 无形资产处置的核算。

【同步强化练习题】

第一部分 知识能力测试

一、单项选择题

1. 下列各项中，不属于无形资产的是( )。

    A. 土地   B. 专利技术   C. 商标   D. 特许权

2. 无形资产的期末借方余额，反映企业无形资产的( )。

    A. 摊余价值   B. 账面价值   C. 可收回金额   D. 成本

3. 由投资者投资转入的无形资产，应按合同或协议约定的价值(假定该价值是公允的)，借记"无形资产"科目，按其在注册资本中所占的份额，贷记"实收资本"科目，按其差额计入( )科目。

    A. "资本公积——资本(或股本)溢价"   B. "营业外收入"

    C. "资本公积——股权投资准备"   D. "最低租赁付款额"

4. 企业购入或支付土地出让金取得的土地使用权，已经开发或建造自用项目的，通常通过( )科目核算。

    A. "固定资产"   B. "在建工程"

    C. "无形资产"   D. "长期待摊费用"

5. 下列关于无形资产转让的会计处理中，正确的是( )。

    A. 转让无形资产使用权所取得的收入应计入营业外收入

    B. 转让无形资产所有权所取得的收入应计入其他业务收入

    C. 转让无形资产所有权所发生的支出应计入其他业务成本

    D. 转让无形资产使用权所发生的支出应计入其他业务成本

6. 企业出租无形资产取得的收入，应当计入( )。

    A. 主营业务收入   B. 其他业务收入   C. 投资收益   D. 营业外收入

7. 企业出售无形资产发生的净损失，应当计入( )。

    A. 其他业务成本   B. 营业外支出   C. 管理费用   D. 资产处置损益

8. 2×09 年 1 月 1 日，甲公司将某专利权的使用权转让给乙公司，每年收取租金 16 万元，适用的增值税税率为 6%，转让期间甲公司不使用该项专利。该专利权系甲公司 2×08 年 2 月 1 日购入的，初始入账价值为 24 万元，预计使用年限为 6 年，按直线法摊销。假定不考虑其他因素，甲公司 2×09 年度因该专利权影响营业利润的金额为(　　)万元。

  A. 11.13   B. 9.2   C. 12   D. 11.53

  9. 甲公司以 80 万元的不含税价格对外转让一项专利权，增值税为 4.8 万元。该项专利权系甲公司以 200 万元的价格购入，购入时该专利权预计使用年限为 10 年，预计净残值为 0，按直线法摊销，转让时该专利权已使用 7 年。甲公司转让该专利权所获得的净收益为(　　)万元。

  A. 20   B. 24.8   C. 15.2   D. 15

  10. 企业让渡无形资产使用权取得的租金收入，计入(　　)。

  A. 营业外收入   B. 其他业务收入

  C. 冲减营业外支出   D. 主营业务收入

  11. 企业改变自有土地使用权的用途，用于赚取租金或资本增值时，应将其转为(　　)。

  A. 继续在无形资产中核算   B. 固定资产

  C. 投资性房地产   D. 金融资产

  12. 下列各项中，不会引起无形资产账面价值发生增减变动的是(　　)。

  A. 对无形资产计提减值准备   B. 转让无形资产所有权

  C. 摊销无形资产   D. 发生无形资产的后续支出

二、多项选择题

  1. 下列各项中，属于无形资产的是(　　)。

  A. 专利权   B. 商标权   C. 土地使用权   D. 特许权

  2. 外购无形资产的成本，包括(　　)。

  A. 购买价款

  B. 外购前发生的洽谈费

  C. 其他相关税费

  D. 可直接归属于使该项无形资产达到预定用途所发生的其他支出

  3. 下列有关土地使用权的会计处理中，正确的是(　　)。

  A. 土地使用权用于自行开发、建造厂房等地上建筑物时，土地使用权与地上建筑物一般应当分别进行摊销和提取折旧

  B. 房地产开发企业取得土地用于建造对外出售的房屋建筑物，相关的土地使用权应当计入所建造的房屋建筑物成本

  C. 企业改变土地使用权的用途，将其用于出租或增值时，应将其账面价值转为投资性房地产

  D. 企业外购的房屋建筑物支付的价款无法在地上建筑物与土地使用权之间分配的，应当确认为固定资产原价

  4. 企业自行研发无形资产，开发阶段的支出最终可能计入(　　)科目。

  A. "销售费用" B. "管理费用" C. "财务费用" D. "无形资产"

  5. 企业按期对无形资产进行摊销，借方科目有可能为(　　)。

  A. "管理费用"   B. "其他业务成本"

  C. "财务费用"   D. "制造费用"

6. 下列事项中，可能影响企业当期利润表中营业利润的有(　　)。

    A. 计提无形资产减值准备　　　　　　　　B. 接受其他单位捐赠的专利权

    C. 出租无形资产取得的租金收入　　　　　D. 新技术项目研究过程中发生的人工费用

7. 下列有关无形资产的会计处理中，不正确的是(　　)。

    A. 使用寿命不确定的无形资产不应摊销，但应于每个会计期末进行减值测试

    B. 转让无形资产所有权取得的收入计入其他业务收入

    C. 转让无形资产使用权取得的收入计入营业外收入

    D. 转让无形资产使用权取得的收入计入其他业务收入

8. 无形资产的可收回金额是根据(　　)两者中的较大者确定。

    A. 无形资产的账面原值

    B. 无形资产的公允价值减去处置费用后的金额

    C. 无形资产的净值

    D. 无形资产的预计未来现金流量的现值

9. 关于无形资产处置，下列说法中正确的有(　　)。

    A. 企业出售无形资产，应当将取得的价款与该无形资产账面价值的差额计入当期损益

    B. 企业出售无形资产，应当将取得的价款与该无形资产账面价值的差额计入资本公积

    C. 无形资产预期不能为企业带来经济利益的，应当将该无形资产的账面价值予以转销

    D. 无形资产预期不能为企业带来经济利益的，应按原预定方法和使用寿命摊销

三、判断题

1. 无形资产是指企业为生产商品、提供劳务、出租给他人，或为管理目的而持有的没有实物形态的非货币性长期资产。(　　)

2. 企业自行开发无形资产发生的研发支出，无论是否满足资本化条件，均应先在"研发支出"科目中归集。(　　)

3. 企业自行进行的研究开发项目，在研究阶段发生的有关支出，符合资本化条件的予以资本化。(　　)

4. 自行开发并按法律程序申请取得的无形资产，应按在研发过程中发生的材料费用、直接参与开发人员的工资及福利费、开发过程中发生的租金、借款费用，以及注册费、聘请律师费等费用作为无形资产的实际成本。(　　)

5. 已计入各期费用的研究费用，在该项无形资产获得成功并依法申请专利时，再将原已计入费用的研究费用予以资本化。(　　)

6. 无法区分研究阶段支出和开发阶段支出，应当将其所发生的研发支出全部资本化，计入无形资产成本。(　　)

7. 企业为建造生产车间而购入的土地使用权，应先通过工程物资核算。(　　)

8. 土地使用权均作为企业的无形资产进行核算。(　　)

9. 房地产开发企业取得的土地使用权用于建造对外出售的房屋建筑物的，其相关的土地使用权的价值应当计入所建造的房屋建筑物成本。(　　)

10. 无形资产的成本只能采用直线法进行摊销。 （　　）

11. 无形资产的残值一经确定，不得更正。 （　　）

12. 使用寿命不确定的无形资产不用进行摊销，也不用进行减值测试计提减值准备。

（　　）

13. 对于使用寿命不确定的无形资产，如果有证据表明其使用寿命是有限的，则应按会计政策变更处理，对以前未摊销的年限追溯调整。 （　　）

14. 使用寿命确定的无形资产的摊销应计入管理费用。 （　　）

15. 无形资产摊销时，应该冲减无形资产的成本。 （　　）

16. "无形资产"科目的期末借方余额，反映企业无形资产的账面价值。 （　　）

17. 由于出售无形资产属于企业日常活动，因此出售无形资产所取得的收入应通过"其他业务收入"科目核算。 （　　）

18. 出售无形资产属于企业的日常活动，出售无形资产所取得的收入应通过"其他业务收入"科目核算；而出租无形资产属于企业的非日常活动，出租无形资产所取得的收入通过营业外收支核算。 （　　）

四、问答题

1. 什么是无形资产？无形资产主要有哪些？

2. 简述自行研发项目处理的基本要求。

第二部分　业务能力测试

1. 甲公司 2×06—2×09 年有关无形资产业务的资料如下：

(1) 2×06 年 12 月 3 日，以银行存款购入一项生产用专利技术，取得的增值税专用发票价款 360 000 元，增值税 21 600 元。该无形资产的预计使用年限为 10 年，其采用直线法进行摊销。

(2) 2×09 年 4 月 1 日，甲公司将该无形资产对外出售，开出的增值税专用发票上价款为 200 000 元，增值税 12 000 元，款项收到并存入银行。

要求：

(1) 编制购入该无形资产的会计分录；

(2) 计算 2×06 年摊销金额并编制会计分录；

(3) 编制该无形资产出售的会计分录。

2. 鑫海公司正在研究和开发一项新工艺，2×07 年 1—9 月发生的以银行存款支付的各项研究、调查、试验等费用 127 200 元(含允许抵扣的增值税税额 7 200 元)，2×07 年 10—12 月发生支出 70 000 元，其中材料费用 30 000 元，人工费用 32 000 元，以银行存款支付的其他费用 8 480 元(含允许抵扣的增值税税额 480 元)。2×07 年 9 月末，该公司已证实该项新工艺能够研发成功，并满足无形资产确认标准。2×08 年 1—6 月又发生支出 210 000 元，其中材料费用 80 000 元，直接参与开发人员的工资 90 000 元，以银行存款支付的场地、设备等租金和注册费等 40 000 元(含允许抵扣的增值税税额 2 400 元)，全部符合资本化。2×08 年 6 月末，该项新工艺完成，达到预定用途。

要求：做出相关的会计处理。

3. 甲公司 2×07—2×13 年有关无形资产业务的资料如下：

(1) 2×07 年 12 月 1 日，以银行存款购入一项生产用专利技术，价格 300 000 元，增值税 18 000 元。该无形资产的预计使用年限为 10 年。

(2) 2×11 年 12 月 31 日，预计该无形资产的可收回金额为 142 000 元。该无形资产发生减值后，原预计使用年限不变。

(3) 2×13 年 4 月 1 日，将该无形资产对外出售，出售价格价款 130 000 元，增值税 7 800 元，款项已收存银行。

要求：

(1) 编制 2×07 年 12 月 1 日购入该无形资产的会计分录；

(2) 编制 2×07 年无形资产摊销的会计分录；

(3) 计算 2×11 年 12 月 31 日账面净值，编制计提无形资产减值准备的会计分录；

(4) 编制 2×12 年摊销的会计分录；

(5) 编制 2×13 年 4 月 1 日无形资产出售的会计分录。

项目九 流动负债核算能力

【学习目标】

通过本项目的学习，学生应了解流动负债的概念与内容，掌握短期借款、应付票据、应付及预收款项、应付职工薪酬、应交税费等各项流动负债的核算。

【学习指导】

本项目主要介绍短期借款核算、应付票据及应付账款核算、应付职工薪酬核算、应交税费核算、其他流动负债核算。

(1) 流动负债是指将在一年以内(包含一年)或者超过一年的一个营业周期内偿还的债务。流动负债主要包括短期借款、应付票据、应付账款、预收账款、应付职工薪酬、应交税费、应付股利、应付利息、其他应付款等。

(2) 短期借款是指企业借入的期限在一年以下(包含一年)的各种借款，短期借款利息应作为财务费用计入当期损益。

(3) 应付票据是指企业采用商业汇票结算方式购买材料、商品和接受劳务供应等而开出、承兑的商业汇票，通过"应付票据"科目进行核算。

(4) 应付账款是指企业在正常的生产经营过程中，因购买商品、材料或接受劳务供应等而应付给供货单位的款项，其入账金额应采用总价法确认。

(5) 职工薪酬是指企业为获得职工提供的服务而给予职工各种形式的报酬以及其他相关支出，包括企业为职工在职期间和离职后提供的全部货币性薪酬和非货币性福利，以及提供给职工配偶、子女或其他被赡养人福利等。企业应当在职工为其提供服务的会计期间，将应付的职工薪酬(不包括辞退福利)确认为负债，并根据职工提供服务的受益对象，分别进行处理：①应由生产产品、提供劳务负担的职工薪酬，计入产品成本或劳务成本；②应由在建工程、无形资产开发成本负担的职工薪酬，计入建造固定资产或无形资产的开发成本；③上述两项之外的其他职工薪酬，计入当期损益。

(6) 增值税纳税人分为一般纳税企业和小规模纳税企业。一般纳税企业应在"应交税费"

科目下设置"应交增值税""未交增值税""预交增值税""待抵扣进项税额""待认证进项税额""待转销项税额""增值税留抵税额""简易计税""转让金融商品应交增值税""代扣代交增值税"等明细科目;"应交增值税"明细科目设置"进项税额""销项税额抵减""已交税金""转出未交增值税""减免税款""出口抵减内销产品应纳税额""销项税额""出口退税""进项税额转出""转出多交增值税"等专栏。小规模纳税企业只需要在"应交税费"科目下设置"应交增值税"明细科目核算。企业在销售需要缴纳消费税的物资时应交消费税,应计入"税金及附加";直接用于销售的,委托方应将代收代交的消费税计入委托加工物资成本,如委托加工物资收回后用于连续生产应税消费品,按规定准予抵扣的。

(7) 预收账款是企业按合同的规定,向购货单位和个人预先收取的款项,通过"预收账款"科目核算。对于预收账款业务不多的企业,可直接计入"应收账款"科目的贷方。

【重点与难点】

(1) 短期借款及计提利息的会计处理。

(2) 应付票据及贴现的会计处理。

(3) 应付及预收款项的会计处理。

(4) 应付职工薪酬的确认、计量及会计处理。

(5) 增值税、消费税的会计处理。

【同步强化练习题】

第一部分　知识能力测试

一、单项选择题

1. 在资产负债表中,下列各项不属于流动负债项目的是(　　)。

A. 长期借款　　　　B. 应付票据　　　　C. 预收账款　　　　D. 应付股利

2. 短期借款所发生的利息,一般应计入的会计科目是(　　)。

A. "管理费用"　　B. "投资收益"　　C. "财务费用"　　D. "营业外支出"

3. 企业开出的商业承兑汇票,到期无力支付票款时,应将应付票据金额转作(　　)。

A. 应付账款　　　　B. 短期借款　　　　C. 营业外收入　　　　D. 其他应付款

4. 下列项目中,不通过"应付账款"账户核算的是(　　)。

A. 存入保证金　　　　　　　　　　　B. 应付货物的增值税

C. 应付销货企业代垫费　　　　　　　D. 应付货物价款

5. 对于预收货款业务不多的企业,其所发生的预收货款可以通过(　　)账户进行核算。

A. 应收账款　　　　B. 应付账款　　　　C. 预付账款　　　　D. 其他应收款

6. 某企业于 2×07 年 6 月 2 日从甲公司购入一批产品并已验收入库。增值税专用发票上注明该批产品的价款为 150 万元,增值税税额为 19.5 万元。合同中规定的现金折扣条件为"2/10,

1/20，n/30"，假定计算现金折扣时不考虑增值税。该企业在 2×07 年 6 月 11 日付清货款，则付款金额为(　　)万元。

  A. 150   B. 169.5   C. 166.5   D. 168

  7. 企业从应付职工工资中代扣的职工房租，应借记的会计科目是(　　)。

  A. 应付职工薪酬 B. 银行存款   C. 其他应收款   D. 其他应付款

  8. 甲公司为增值税一般纳税人，适用的增值税税率为13%。2×07 年 1 月，甲公司董事会决定将本公司生产的 500 件产品作为福利发放给公司管理人员。该批产品的单件成本为 120 元，市场销售价格为每件 200 元(不含增值税)。不考虑其他税费，甲公司在 2×07 年因该项业务应计入管理费用的金额为(　　)元。

  A. 60 000   B. 100 000   C. 113 000   D. 73 000

  9. 企业缴纳参加职工医疗保险的医疗保险费，应通过(　　)账户进行核算。

  A. 应交税费   B. 应付职工薪酬 C. 其他应交款 D. 其他应付款

  10. 甲公司建造厂房领用生产用原材料 50 000 元，原材料购入时支付的增值税为 6 500 元；因管理原因造成火灾毁损外购材料一批，其实际成本 60 000 元，经确认损失外购材料的增值税7 800 元。则甲公司计入"应交税费——应交增值税(进项税额转出)"科目的金额为(　　)元。

  A. 6 500   B. 7 800   C. 13 300   D. 1 300

  11. 甲企业为增值税一般纳税人，本期收购农产品，企业购进免税农产品支付给农业生产者的价款为 50 万元，规定的扣除率为 9%。甲企业购入农产品的成本为(　　)万元。

  A. 50   B. 45.5   C. 54.5   D. 45.87

  12. 某小规模纳税企业本月购进材料成本 80 000 元，支付增值税 10 200 元，产品含税销售收入为 1 030 000 元，征税率为 3%，本月应交增值税为(　　)元。

  A. 30 000   B. 40 200   C. 19 800   D. 10 200

  13. 应交消费税的委托加工物资收回后用于连续生产应税消费品的，按规定准予抵扣的由受托方代扣代缴的消费税，应当计入(　　)。

  A. 生产成本   B. 应交税费   C. 主营业务成本 D. 委托加工物资

  14. 某企业本期实际应上交增值税 650 000 元，消费税 220 000 元，土地增税 50 000 元。该企业城市维护建设税适用税率为 7%，则该企业应交城市维护建设税为(　　)元。

  A. 45 500   B. 50 400   C. 60 900   D. 61 250

  15. 下列税金中，企业不需要通过"应交税费"科目核算的是(　　)。

  A. 所得税   B. 印花税   C. 增值税   D. 房产税

  16. 下列各项中，应通过"其他应付款"科目核算的是(　　)。

  A. 应付现金股利   B. 应交教育费附加

  C. 应付租入包装物租金   D. 应付管理人员工资

二、多项选择题

  1. 下列项目中，属于流动负债项目的有(　　)。

  A. 预收账款   B. 应付票据   C. 长期应付款 D. 应付股利

2. 以下项目中，属于职工薪酬的有(　　)。

    A. 失业保险费　　　　B. 住房公积金　　　　C. 非货币性福利　　D. 职工生活困难补助

3. 企业分配工资费用，应贷记"应付职工薪酬"科目，借记的科目可能有(　　)。

    A. "生产成本"　　　B. "在建工程"　　　C. "财务费用"　　D. "管理费用"

4. 下列各种税金中，应计入税金及附加的有(　　)。

    A. 印花税　　　　　　B. 车船税　　　　　　C. 房产税　　　　　D. 增值税

5. 下列增值税中，应计入有关成本的有(　　)。

    A. 以库存商品对外投资应支付的增值税

    B. 小规模纳税企业接受应税劳务时支付的增值税

    C. 购进设备所支付的增值税

    D. 在建厂房领用原材料，原抵扣的增值税

6. 一般纳税企业会计核算时，可以作为确定购入货物或接受应税劳务支付的可以抵扣的增值税(进项税额)并作为记账依据的凭证有(　　)。

    A. 增值税专用发票　　　　　　　　　　B. 进口货物的完税凭证

    C. 免税农产品的收购凭证　　　　　　　D. 增值税普通发票

7. 一般纳税企业进行增值税的核算时，下列业务中需要进项税额转出的有(　　)。

    A. 购进货物用于对外投资　　　　　　　B. 购进货物入库后发生管理因素损失

    C. 在建厂房领用生产材料　　　　　　　D. 生产用原材料改为职工福利

8. 下列有关增值税的表述中，正确的有(　　)。

    A. 增值税是一种流转税

    B. 月份终了，一般纳税企业应将"应交增值税"明细科目的余额转入"未交增值税"明细科目

    C. 一般纳税企业购进动产所支付的增值税税额，应计入固定资产的成本

    D. 小规模纳税企业不享有进项税额的抵扣权

9. 下列各项中，属于视同销售业务的有(　　)。

    A. 基建工程领用生产用原材料

    B. 基建工程领用本企业生产的产成品

    C. 福利部门领用本企业自产成品用于集体福利

    D. 原材料用于对外投资

10. 下列项目的增值税进项税额不得从销项税额中抵扣的有(　　)。

    A. 购进不动产固定资产　　　　　　　　B. 用于基建工程项目而购进的物资

    C. 用于集体福利而购进的货物　　　　　D. 非正常损失的购进货物

11. 按存货会计准则的规定，下列各项税金可以计入存货成本的有(　　)。

    A. 支付的进口货物的关税

    B. 一般纳税企业购进货物时支付的增值税

    C. 小规模纳税企业购入货物时支付的增值税

    D. 加工货物收回后直接用于销售的由受托方代收代缴的消费税

12. 下列各项中，增值税一般纳税企业不需要转出进项税额的有(　　)。

　　A. 自制产成品用于职工福利　　　　　　B. 自制产成品用于对外投资

　　C. 外购的生产用原材料发生非正常损失　D. 外购的生产用原材料改用于自建厂房

13. 企业销售商品缴纳的下列各项税费中，可能计入"税金及附加"科目的有(　　)。

　　A. 消费税　　　　　　B. 增值税　　　　　　C. 教育费附加　　　　D. 城市维护建设税

14. 下列税金中，应计入存货成本的有(　　)。

　　A. 由受托方代扣代缴的委托加工继续用于生产应税消费品负担的消费税

　　B. 由受托方代扣代缴的委托加工直接用于对外销售的商品负担的消费税

　　C. 一般纳税企业购进材料应交的增值税

　　D. 进口原材料应缴纳的进口关税

15. 城市维护建设税是以(　　)为计税依据征收的一种税。

　　A. 增值税　　　　　　B. 所得税　　　　　　C. 消费税　　　　　　D. 资源税

16. 下列税金中，不能通过"税金及附加"科目核算的有(　　)。

　　A. 增值税　　　　　　B. 企业所得税　　　　C. 消费税　　　　　　D. 印花税

17. 下列各项交易或事项中，应通过"其他应付款"科目核算的有(　　)。

　　A. 客户存入的保证金　　　　　　　　　　B. 应付股东的股利

　　C. 应付租入包装物的租金　　　　　　　　D. 预收购货单位的货款

18. 下列项目中，应作为"其他应付款"核算的有(　　)。

　　A. 应付购货欠款　　　　　　　　　　　　B. 应付存入保证金

　　C. 应付短期借款利息　　　　　　　　　　D. 应付包装物租金

三、判断题

1. 采用总价法，应付账款应按未扣除现金折扣的总价记账，购货方若提前付款而获得现金折扣时，应作为财务费用的增加处理。　　　　　　　　　　　　　　　　　　　　(　　)

2. 任何企业都应该在"应交税费"科目下设置"应交增值税"明细科目，再在该明细科目下设置其他专栏予以核算有关业务。　　　　　　　　　　　　　　　　　　　　　　(　　)

3. 企业对于购进的免税农产品，可以按照买价和规定的扣除率计算进项税额，并将计算的进项税额从其购买价格中扣除，以扣除后的余额作为购入农产品的采购成本入账。　(　　)

4. 小规模纳税企业不论是否取得增值税专用发票，其支付的增值税都不得从销项税中抵扣。　　　　　　　　　　　　　　　　　　　　　　　　　　　　　　　　　　　(　　)

5. 某企业为小规模纳税人，销售产品一批，含税价格 82 400 元，增值税征收率 3%，该批产品应交增值税 2 400 元。　　　　　　　　　　　　　　　　　　　　　　　　　(　　)

6. 小规模纳税企业只需要在"应交税费"科目下设置"应交增值税"明细科目，不需要在"应交增值税"明细科目中设置专栏。　　　　　　　　　　　　　　　　　　　　　(　　)

7. 委托加工应税消费品收回后，如用于继续加工生产应税消费品的，其由受托方代扣代缴的消费税，应计入委托加工产品的成本中。　　　　　　　　　　　　　　　　　(　　)

8. 企业收回的委托加工物资直接用于对外销售的，应将已由受托加工代收代缴的消费税计入委托加工成本。　　　　　　　　　　　　　　　　　　　　　　　　　　　　(　　)

9. 企业应付各种赔款、应付租金、应付存入保证金等应在"其他应付款"账户核算。
　　　　　　　　　　　　　　　　　　　　　　　　　　　　　　　　( )

10. 企业分配的股票股利不通过"应付股利"科目核算。 ( )

11. 企业进行利润分配时,宣告发放的现金股利和股票股利,均形成企业对股东的一项流动负债。 ( )

四、问答题

1. 什么是流动负债?流动负债主要包括哪些内容?

2. 什么是应付账款?

3. 什么是职工薪酬?

4. 为了核算增值税,一般纳税企业需要专设哪些科目?

第二部分　业务能力测试

1. 某企业于 2×07 年 1 月 1 日向银行借入短期借款 300 000 元,期限为 6 个月,年利率为 8%,该借款本金到期后一次归还,利息分月预提,按季支付。

要求:做出有关会计处理。

2. 某企业 2×07 年发生如下经济业务:

(1) 购进甲材料一批,增值税专用发票上注明的买价为 220 000 元,增值税税额为 28 600 元。按合同规定,企业开出 2 个月到期的商业承兑汇票一张,抵付给销货方,材料已运达企业。

(2) 购进甲材料的应付票据到期,企业无力支付。

(3) 企业购进乙材料的一笔购货款 280 000 元,因无力支付,经销货方同意,开出一张面额为 280 000 元、期限为 6 个月的银行承兑汇票给销货方,抵付购货欠款,并以银行存款支付银行承兑手续费 280 元。

(4) 购入乙材料的银行承兑汇票到期,企业无力支付。银行代付欠款后,将其转为企业的短期借款,并对企业处以 1 000 元的罚款,企业以存款支付。

(5) 企业购进丙材料一批,买价 360 000 元,增值税税额为 46 800 元,共计 426 800 元,按双方协议,企业开出一张为期 2 个月的银行承兑汇票抵付给销货方,并以银行存款支付银行承兑手续费 400 元,丙材料尚未验收入库。

(6) 购买丙材料的票据到期,接银行通知,票款已支付。

(7) 购进 A 商品一批,增值税专用发票上注明的买价为 21 000 元,增值税税额为 2 730 元。货款未付,开出一张期限为 3 个月的商业承兑汇票抵付给销货方,商品已验收入库。

(8) 购买 A 商品的商业汇票到期,以银行存款支付。

要求:根据上述资料编制相应的会计分录。

3. 某企业 2×07 年职工薪酬的有关资料如下:

(1) 3 月,应付工资总额 1 720 000 元,工资费用分配汇总表中列示的产品生产人员工资为 1 032 000 元,车间管理人员工资为 172 000 元,企业行政管理人员工资为 172 000 元,销售人员工资为 344 000 元。

(2) 3 月，企业根据历史经验数据和实际情况，提取职工福利费 172 000 元，其中，应计入基本生产车间生产成本的金额为 103 200 元，应计入制造费用的金额为 17 200 元，应计入管理费用的金额为 17 200 元，应计入销售费用的金额为 34 400 元。

(3) 3 月，根据国家规定的计提标准计算，企业应向社会保险经办机构缴纳职工基本养老保险费 206 400 元、医疗保险费 240 800 元、失业保险费 34 400 元，合计 481 600 元，其中，应计入基本生产车间生产成本的金额为 288 960 元，应计入制造费用的金额为 48 160 元，应计入管理费用的金额为 48 160 元，应计入销售费用的金额为 96 320 元。

(4) 4 月 3 日，根据"工资结算汇总表"结算上月应付职工工资总额 1 720 000 元，代扣职工房租 120 000 元，收回企业代垫职工家属医药费 10 000 元，代扣职工个人所得税共计 16 000元，实发工资为 1 574 000 元，已通过代发银行代发工资。

(5) 4 月 4 日，以现金支付职工张某生活困难补助 3 000 元。

(6) 4 月 5 日，以银行存款缴纳职工基本养老保险费、医疗保险费、失业保险费等 481 600 元。

要求：根据上述经济业务编制有关会计分录。

4. 甲公司为一家生产食用油的企业，属于增值税一般纳税人，适用增值税税率为 9%。公司决定向每位职工发放自产的食用油 2 桶作为春节福利，每桶不含税销售价格为 200 元，每桶成本为 150 元。该公司共有职工 100 人，其中生产工人 50 人，销售人员 30 人，行政管理人员20 人。同时公司还决定向每位职工发放白酒 2 箱，每箱含税买价 226 元。食用油与白酒已发放给职工。假定其他因素不予考虑。

要求：

(1) 编制发放食用油的会计分录；

(2) 编制发放白酒的会计分录。

5. 某企业为增值税一般纳税人，该企业采用计划成本法对原材料进行核算，适用增值税税率为 13%。2×19 年 7 月发生以下经济业务：

(1) 2 日，购入一批原材料，增值税专用发票上注明货款为 100 000 元，增值税税额为 13 000元，货物尚未到达，货款和进项税额已用银行存款支付，该企业采用计划成本法对原材料进行核算。

(2) 4 日，购入一批免税农产品(进行深加工)作为材料使用，价款为 120 000 元，规定的扣除率为 9%，货物尚未到达，货款已用银行存款支付。

(3) 6 日，购入一台不需要安装的设备，价款及运输保险等费用合计 400 000 元，增值税专用发票上注明的增值税税额为 52 000 元，款项尚未支付。

(4) 8 日，购入一批基建工程所用物资，价款及运输保险等费用合计 300 000 元，增值税专用发票注明的增值税税额为 39 000 元，物资已验收入库，款项尚未支付。

(5) 10 日，建造厂房领用生产用原材料 120 000 元，原材料购入时支付的增值税为 15 600 元。

(6) 12 日，销售一批产品，价款为 2 000 000 元，按规定应收取增值税税额为 260 000 元，提货单和增值税专用发票已交给买方，款项尚未收到。

(7) 16 日，该企业因自然灾害毁损库存材料一批，其实际成本 100 000 元，经确认，损失外购材料增值税税额为 13 000 元，尚未报经批准。

(8) 18 日，在建工程领用自产商品一批，成本为 100 000 元，市场不含税售价为 120 000 元。

(9) 30 日，以银行存款缴纳本月增值税 140 000 元。

(10) 30 日，结转期末增值税。

要求：根据上述经济业务做有关的会计处理。

6. A 公司 2×10 年 8 月有关职工薪酬业务如下：

(1) 按照工资总额的标准分配工资费用，其中生产工人工资为 100 万元，车间管理人员工资 20 万元，总部管理人员工资为 30 万元，专设销售部门人员工资为 10 万元，在建工程人员工资为 5 万元，内部开发人员工资为 35 万元(符合资本化条件)。

(2) 按照所在地政府规定，按工资总额的 10%、2%、12%和 10.5%计提医疗保险费、失业保险费、养老保险费和住房公积金。

(3) 根据上一年实际发放的职工福利情况，公司预计 2×10 年应承担职工福利费义务金额为工资总额的 5%。

(4) 按工资总额的 2%和 2.5%计提工会经费和职工教育经费。

要求：

(1) 计算应计入生产成本、制造费用、管理费用、销售费用、在建工程、研发支出的职工薪酬；

(2) 编制计提职工薪酬的会计分录。

7. 甲公司 2×09 年 4 月 1 日"应交税费——未交增值税"贷方余额为 10 000 元，4 月发生如下有关业务：

(1) 销售 A 商品一批，增值税专用发票上注明价款 1 000 000 元，增值税税额 130 000 元，货款已经收到并存入银行，成本为 600 000 元。

(2) 用 A 商品对外投资一批，开出的增值税专用发票计税价格为 200 000 元，增值税为 26 000 元，该批商品成本为 100 000 元。取得的投资作为长期股权投资按成本法核算。

(3) 基建工程领用材料一批，成本为 100 000 元，原抵扣的进项税额为 13 000 元。

(4) 购买材料一批，取得增值税专用发票，购买价格为 400 000 元，增值税税额为 52 000 元，款项暂欠，材料尚未收到，按实际成本核算。

(5) 购买材料一批，取得普通发票，购买价格为 100 000 元，款项已支付，材料验收入库。

(6) 用银行存款缴纳本期增值税税款 150 000 元。

要求：

(1) 编写以上业务的会计分录；

(2) 编写期末增值税结转的会计分录。

8. 某企业经税务机关核定为小规模纳税企业，本期购入原材料，专用发票上记载售价 1 000 000 元，增值税 130 000 元，企业开出商业承兑汇票，材料尚未到达。该企业本期销售产品开出一张普通发票，发票注明售价 1 236 000 元，增值税征收率为 3%，货款尚未收到。

要求：根据上述资料编制有关会计分录。

9. 甲企业委托乙企业代为加工一批材料(非金银首饰)。甲企业的材料成本为 1 500 000 元，加工费为 300 000 元，增值税为 39 000 元，由乙企业代收代缴的消费税为 120 000 元，材料已经加工完成，并由甲企业收回验收入库，加工费及消费税尚未支付。甲企业采用实际成本法进行原材料的核算。

要求：

(1) 编制甲企业收回的委托加工物资用于继续生产应税消费品的会计分录；

(2) 编制甲企业收回的委托加工物资用于直接用于对外销售的会计分录。

10. 某企业为增值税一般纳税人，采用计划成本对原材料进行核算，2×07 年 8 月发生以下经济业务：

(1) 2 日，购入原材料一批，增税专用发票上注明货款 80 000 元，增值税 10 400 元，货物尚未到达，货款和进项税额已用银行存款支付。

(2) 4 日，购入免税农产品一批，价款 60 000 元，规定的扣除率为 9%，货物尚未到达，货款已用银行存款支付。

(3) 6 日，购入不需要安装的设备一台，价款及运输保险等费用合计 200 000 元，增值税专用发票上注明的增值税为 26 000 元，货款尚未支付。

(4) 10 日，销售产品一批，价款 500 000 元，按规定应收取增值税 65 000 元，提货单和增值税专用发票移交给买方，款项尚未收到。

(5) 12 日，购入基建工程所用物资一批，价款及运输保险等费用合计 150 000 元，增值税专用发票上注明的增值税为 19 500 元，物资已验收入库，款项尚未支付。14 日，基建工程部领用工程物资。

(6) 15 日，该企业生产车间委托外单位修理机器设备，对方开来的专用发票上注明修理费用 8 000 元，增值税 1 040 元，款项已用银行存款支付。

(7) 16 日，为外单位代加工电脑桌 500 个，每个收取加工费 120 元，适用的增值税税率为 13%，加工完成，款项已收到并存入银行。

(8) 17 日，该企业因自然灾害毁损库存商品一批，其实际成本 50 000 元，经确认，损失外购材料的增值税 6 500 元。损失尚未报批。

(9) 19 日，建造厂房领用生产用原材料 60 000 元，原材料购入时支付的增值税为 7 800 元。

(10) 22 日，企业将自己生产的产品用于自行建造职工俱乐部。该批产品的成本为 70 000 元，计税价格为 110 000 元，增值税税率为 13%。

(11) 30 日，以银行存款缴纳本月增值税 10 000 元。

要求：

(1) 根据上述经济业务做出有关的会计处理；

(2) 计算本月应交增值税并对增值税进行期末结转。

项目十 非流动负债核算能力

【学习目标】

通过本项目的学习，学生应了解非流动负债的性质与分类，掌握长期借款的核算；掌握借款费用的内容、借款费用资本化的条件及借款费用的会计处理；掌握长期应付款的核算。

【学习指导】

本项目主要介绍长期借款核算、应付债券核算和长期应付款核算。

(1) 非流动负债是指流动负债以外的负债，指偿还期在一年或者超过一年的一个营业周期的债务，主要包括长期借款、应付债券、长期应付款等。

(2) 借款费用是企业因借入资金所付出的代价，包括借款利息、折价或者溢价的摊销、辅助费用，以及因外币借款而发生的汇兑差额等。借款分为专门借款和一般借款。符合资本化条件的资产是指需要经过相当长时间的购建或者生产活动才能达到预定可使用或者可销售状态的固定资产、投资性房地产和存货等资产。

(3) 借款费用确认的基本原则是：企业发生的借款费用，可直接归属于符合资本化条件的资产的购建或者生产的，应当予以资本化，计入相关资产成本；其他借款费用，应当在发生时根据其发生额确认为费用，计入当期损益。借款费用资本化期间是指从借款费用开始资本化时点到停止资本化时点的期间，但不包括借款费用暂停资本化的期间。

(4) 为购建或者生产符合资本化条件的资产而借入专门借款的，应当以专门借款当期实际发生的利息费用，减去将尚未动用的借款资金存入银行取得的利息收入或进行暂时性投资取得的投资收益后的金额确定。企业在购建或者生产符合资本化条件的资产时，占用的一般借款资金，则应当根据为购建或者生产符合资本化条件的资产而发生的累计资产支出超过专门借款部分的资产支出加权平均数乘以所占用一般借款的资本化率，计算确定一般借款应予资本化的利息金额。

(5) 为了核算企业向银行或其他金融机构借取得的各项长期借款，企业应设置"长期借款"科目，并按照贷款单位和贷款种类，分为"本金""利息调整"明细科目分别进行明细核算。

(6) 公司债券的发行方式有三种：平价发行、溢价发行、折价发行。如果有溢价或折价的存在，应在债券存续期内按实际利率法于计提利息时摊销。债券收回时，应转销"应付债券"科目的账面价值，回收价与账面价值的差额计入"财务费用"科目。

(7) 根据与租赁资产所有权有关的风险和报酬是否转移给承租人，租赁分为融资租赁和经营租赁。企业采用融资租赁方式租入的固定资产，应在租赁期开始日，将租赁开始日租赁资产公允价值与最低租赁付款额现值两者中较低者，加上初始直接费用，作为租入资产的入账价值。未确认融资费用应当在租赁期内各个期间进行分摊。企业应当采用实际利率法计算并确认当期的融资费用。融资租入固定资产，应视同自有固定资产计提折旧。

(8) 企业购买资产如果延期支付的购买价款超过正常信用条件，实质上具有融资性质的，所购资产的成本应当以延期支付购买价款的现值为基础确定。实际支付价款与购买价款的现值之间的差额，应当在信用期间内采用实际利率法进行摊销，计入相关资产成本或当期损益。

【重点与难点】

(1) 长期借款的核算。
(2) 借款费用允许资本化的条件。
(3) 借款费用的会计处理。
(4) 长期应付款的核算。

【同步强化练习题】

第一部分　知识能力测试

一、单项选择题

1. 下列各项中，属于非流动负债的项目是(　　)。
　　A. 应付债券　　　　B. 应付票据　　　　C. 应付利润　　　　D. 应付账款
2. 下列项目中，不属于借款费用的是(　　)。
　　A. 借款手续费　　　　　　　　　B. 借款佣金
　　C. 发行公司债券的佣金　　　　　D. 发行公司股票的佣金
3. 借款费用开始资本化必须同时满足的条件中不包括(　　)。
　　A. 资产支出已经发生
　　B. 借款费用已经发生
　　C. 为使资产达到预定可使用或者可销售状态所必要的购建或者生产活动已经开始
　　D. 工程项目人员工资支出
4. 如果固定资产的购建活动发生非正常中断，并且中断时间连续超过(　　)，应当暂停借款费用的资本化，将其确认为当期费用，直至资产的购建活动重新开始。
　　A. 1个月　　　　B. 3个月　　　　C. 6个月　　　　D. 1年

5. 以下情况中，导致固定资产购置或建造过程超过 3 个月可以继续资本化的是( )。

    A. 发生劳动纠纷   B. 施工技术要求   C. 发生安全事故   D. 资金周转困难

6. 不应暂停借款费用资本化的情况是( )。

    A. 由于劳务纠纷而造成连续超过3个月的固定资产的建造中断

    B. 由于资金周转困难而造成连续超过3个月的固定资产的建造中断

    C. 由于发生安全事故而造成连续超过3个月的固定资产的建造中断

    D. 由于可预测的气候影响而造成连续超过3个月的固定资产的建造中断

7. 当所购置或建造的固定资产处于( )时应当停止其借款费用的资本化，以后发生的借款费用计入当期损益。

    A. 交付使用   B. 达到预定可使用状态

    C. 竣工决算   D. 交付使用并办理竣工决算手续后

8. 根据《企业会计准则第 17 号——借款费用》的规定，下列有关借款费用停止资本化观点的表述中，正确的是( )。

    A. 固定资产交付使用时停止资本化

    B. 固定资产办理竣工决算手续时停止资本化

    C. 固定资产达到预定可使用状态时停止资本化

    D. 固定资产建造过程中发生中断时停止资本化

9. 长期借款(到期一次性还本付息)利息的计算和支付，应通过( )科目核算。

    A. "应付利息"   B. "其他应付款"

    C. "长期应付款"   D. "长期借款"

10. 企业发生长期借款利息的情况下，不可能涉及( )科目。

    A. "销售费用"   B. "应付利息"   C. "财务费用"   D. "在建工程"

11. 甲公司于 2×09 年 1 月 1 日从银行借入资金 800 万元，借款期限为 2 年，年利率为 6%，利息从 2×09 年开始每年年初支付，到期时归还本金及最后一年利息。所借款项已存入银行。2×09 年 12 月 31 日该长期借款的账面价值为( )万元。

    A. 48   B. 896   C. 848   D. 800

12. 就发行债券的企业而言，所获债券溢价收入的实质是( )。

    A. 为以后少付利息而付出的代价   B. 为以后多付利息而得到的补偿

    C. 为以后少得利息而得到的补偿   D. 为以后多得利息而付出的代价

13. 某企业发行债券所筹资金专门用于建造固定资产，已于 2×07 年 1 月 1 日全部投入，至 2×07 年 12 月 31 日工程尚未完工。计提本年应付债券利息时应计入( )科目。

    A. "固定资产"   B. "在建工程"   C. "管理费用"   D. "财务费用"

14. A 企业 2×08 年 1 月 1 日发行的 2 年期公司债券，实际收到款项 193 069 元，债券面值 200 000 元，每半年付息一次，到期还本，票面利率 10%，实际利率 12%。采用实际利率法摊销溢、折价，计算 2×08 年 12 月 31 日应付债券的账面余额是( )元(计算结果保留到整数)。

    A. 193 069   B. 194 653   C. 196 332   D. 200 000

15. 某股份有限公司于 2×10 年 1 月 1 日发行 3 年期、每年 1 月 1 日付息、到期一次还本的公司债券，债券面值为 200 万元，票面年利率为 5%，实际利率为 6%，发行价格为 194.65 万元。按实际利率法确认利息费用。该债券 2×11 年度确认的利息费用为( )万元。

  A. 11.78   B. 12   C. 10   D. 11.68

  16. 某企业发行分期付息、到期一次还本的债券，按其票面利率计算确定的应付未付利息，应该计入( )科目。

  A. "应付债券——应计利息"   B. "应付利息"

  C. "应付债券——利息调整"   D. "应付债券——面值"

二、多项选择题

1. 企业的下列筹资方式中，属于长期负债的包括( )。

  A. 发行3年期公司债券   B. 发行9个月的公司债券

  C. 向银行借入2年期的借款   D. 应付融资租入固定资产的租赁费

2. 下列项目中，借款费用包括( )。

  A. 借款手续费用   B. 发行公司债券发生的利息

  C. 发行公司债券发生的溢价   D. 发行公司债券溢价的摊销

3. 下列关于专门借款费用资本化的暂停或停止的表述中，正确的有( )。

  A. 购建固定资产过程中发生非正常中断，并且非连续中断时间累计达3个月，应当暂停借款费用资本化

  B. 购建固定资产过程中发生正常中断，并且中断时间连续超过3个月，应当停止借款费用资本化

  C. 购建固定资产的过程中，某部分固定资产已达到预定可使用状态，且该部分固定资产可供独立使用，则应停止该部分固定资产的借款费用资本化

  D. 购建固定资产的过程中，某部分固定资产虽已达到预定可使用状态，但必须待整体完工后方可使用，则需待整体完工后停止借款费用资本化

4. 借款费用开始资本化需要同时满足( )条件。

  A. 资产支出已经发生

  B. 借款费用已经发生

  C. 为使资产达到预定可使用或者可销售状态所必要的购建或生产活动已经开始

  D. 未发生非正常停工

5. 企业的借款费用可能计入( )。

  A. 财务费用 B. 在建工程 C. 营业外支出 D. 无形资产

6. "长期借款"科目的借方反映的内容可能是( )。

  A. 借入的长期借款本金   B. 应计的长期借款利息

  C. 偿还的长期借款本金   D. 偿还的长期借款利息

7. 企业债券发行价格的高低取决于( )

  A. 债券票面金额   B. 债券票面利率

  C. 发行时的市场利率   D. 债券期限的长短

8. 企业发行长期债券，应在"应付债券"总账账户下设置( )明细账户进行核算。

  A. "面值" B. "利息调整" C. "债券折价" D. "应计利息"

9. 下列各项中，会引起负债总额增加的有(   )。
    A. 计提管理部门职工薪酬　　　　　　　　B. 确认当期应交所得税
    C. 计提应付债券利息　　　　　　　　　　D. 股东大会宣告分派股票股利

10. 应付债券属于到期后一次还本付息债券，到期时可能借记(   )科目。
    A. "应付债券——面值"　　　　　　　　　B. "应付利息"
    C. "应付债券——应计利息"　　　　　　　D. "应付债券——利息调整"

11. 企业发行债券正确的处理是(   )。
    A. 按债券面值计入"应付债券——面值"科目
    B. 面值与实际收到的款项的差额计入"应付债券——利息调整"科目
    C. 面值与实际收到的款项的差额计入"应付债券——溢折价摊销"科目
    D. 按实际利率法计算利息费用

12. 下列各项中，属于"长期应付款"科目核算的有(   )。
    A. 应付经营租入固定资产的租赁费
    B. 以分期付款方式购入固定资产发生的应付款项
    C. 发行长期公司债券
    D. 应付融资租入固定资产的租赁费

三、判断题

1. 施工技术要求导致固定资产购置或建造过程的中断超过 3 个月时，可以继续资本化。
（　　）

2. 企业发生的借款费用，可直接归属于符合资本化条件的资产的购建或者生产的，应当予以资本化，计入相关资产成本；其他借款费用，应当在发生时根据其发生额确认为费用，计入当期损益。　　　　　　　　　　　　　　　　　　　　　　　　　　　　　　　（　　）

3. 企业在计算长期借款利息时，应该按照实际利率确认应该支付的利息。　（　　）

4. 长期借款用于购建固定资产时，在固定资产尚未达到预定可使用状态前所发生应当资本化的利息支出应当资本化，计入所购建的固定资产价值。　　　　　　　　　（　　）

5. 长期借款利息费用应当在资产负债表日按照实际利率法计算确定，实际利率与合同利率差异较小的，也可以采用合同利率计算确定利息费用。　　　　　　　　　　　（　　）

6. 在资产负债表日，企业应按长期借款的票面金额和票面利率计算确定长期借款的利息费用。　　　　　　　　　　　　　　　　　　　　　　　　　　　　　　　　　（　　）

7. 债券的票面利率高于同期银行存款利率时，可按低于债券面值的价格发行，称为折价发行。　　　　　　　　　　　　　　　　　　　　　　　　　　　　　　　　　　（　　）

8. 企业发行债券实际收到的款项与面值的差额在债券存续期间采用实际利率法进行摊销。
（　　）

9. 企业进行债券溢价的摊销时，从债券发行企业的角度来讲是调整减少各期利息费用；从债券投资者的角度来讲是调整增加各期利息收入。　　　　　　　　　　　　　　（　　）

10. 无论是按面值发行，还是溢价发行或折价发行，均按债券面值计入"应付债券"科目的"面值"明细科目，实际收到的款项与面值的差额，计入"利息调整"明细科目。　（　　）

11. 用实际利率法摊销应付债券的折价时，各期折价的摊销额呈逐期递减趋势。　（　　）

12. 以分期付款方式购入固定资产，如果延期支付的购买价款超过正常信用条件，实质上具有融资性质的，所购资产的成本应当以延期支付购买价款的现值为基础确定。　（　　）

四、问答题

1. 什么是非流动负债？非流动负债主要有哪些？

2. 什么是借款费用？

3. 借款费用开始资本化的条件是什么？

4. 什么是应付债券？

5. 简述融资租赁的判断标准有哪些？

第二部分　业务能力测试

1. 某企业 2×07 年 1 月 1 日，向银行借入资金 3 000 000 元用于企业周转，借款合同年利率 6%(假设实际利率与合同利率差异较小)，单利计算，借款期限为 2 年，每年年末付息，到期还本。

要求：分别编制取得借款、计息、付息以及还本的相应会计分录。

2. 某企业为建造一栋厂房，于 2×07 年 1 月 1 日借入期限为 2 年的长期借款 2 000 000 元，借款已存入银行，借款利率为 9%，每年付息一次，期满后一次还清本金。2×07 年 1 月 1 日，以银行存款支付工程价款共计 1 200 000 元，2×07 年银行年末存款结息 60 000 元，2×08 年 1 月 1 日，又以银行存款支付工程费用 800 000 元。该厂房于 2×08 年 8 月底完工，交付使用，并办理了竣工结算手续。

要求：根据上述业务编制有关会计分录。

3. 某企业为建造厂房，2×07 年 1 月 1 日从银行借入专门借款 250 万元，期限为 3 年，合同利率为 10%(假设实际利率与合同利率差异较小)，单利计算，到期一次还本付息。款项借入后，以银行存款支付工程款 250 万元，该厂房于 2×08 年 1 月 1 日建造完成，达到预定可使用状态。

要求：根据上述资料编制相应的会计分录。

4. 某企业为建造一栋厂房，2×07 年 1 月 1 日发行面值为 1 000 000 元，期限为 5 年，到期还本的企业债券，票面利率为 8%，每年付息一次。假定债券发行时市场利率为 6%，债券发行价格为 1 084 247 元，公司债券利息调整按实际利率法摊销。2×07 年 1 月 1 日所筹款项全部用于支付工程费用，1 年后工程完工办理结算手续。

要求：编制债券发行、2×07 年年底计息、2×08 年 1 月 1 日付息、到期偿还本金的会计分录。

5. ABC 公司于 2×07 年 1 月 1 日正式动工兴建一栋办公楼，工期预计为 1 年零 6 个月，工程采用出包方式，分别于 2×07 年 1 月 1 日支付 1 500 万元、2×07 年 7 月 1 日支付 2 500 万元、2×08 年 1 月 1 日支付 1 500 万元。公司为建造办公楼于 2×07 年 1 月 1 日专门借款 2 000 万元，借款期限为 3 年，年利率为 6%。另外在 2×07 年 7 月 1 日又专门借款 4 000 万元，借款期限为 5 年，年利率为 7%。借款利息按年支付，名义利率与实际利率均相同，闲置借款资金均用于固定收益债券短期投资，该短期投资月收益率为 0.5%。办公楼于 2×08 年 6 月 30 日完工，达到预定可使用状态。

要求：编制有关借款费用的会计分录。

6. 企业借入 2 年期，到期还本、每年年末计提并支付利息的长期借款 30 000 元用于工程建设，合同约定年利率 4%，假定利息全部符合资本化条件。

要求：做出该企业借入借款、每年年末计提利息和支付利息的会计分录。

7. 某公司 2×02 年 1 月 1 日发行为期 4 年的债券 1 000 000 元，票面利率为 3%，债券的发行总收入为 1 000 000 元，每年年末付息，到期还本。要求编制下列会计分录：

(1) 取得发行收入时；

(2) 每年年末计提并支付利息时；

(3) 债券到期归还本金。

8. 某企业经批准从 2×08 年 1 月 1 日起发行三年期面值为 100 元的债券 10 000 张，发行价格确定为面值发行，债券年利率为 6%，每年计息一次(单利)，该债券所筹资金全部用于新生产线的建设，该生产线于 2×09 年 6 月底完工并交付使用，债券到期后一次性支付本金和利息。

要求：编制该企业从债券发行到债券到期的全部会计分录。

项目十一 | 所有者权益核算能力

【学习目标】

通过本项目的学习，学生应掌握所有者权益的特征与来源；掌握不同组织形式的企业投入资本的核算；掌握资本公积、其他综合收益的核算；掌握留存收益的概念、组成和使用的核算。

【学习指导】

本项目主要介绍实收资本核算、资本公积和其他综合收益核算、留存收益核算三部分。

(1) 所有者权益是指企业资产扣除负债后由所有者享有的剩余权益。公司的所有者权益又称为股东权益。所有者权益的来源包括所有者投入的资产、直接计入所有者权益的利得和损失、留存收益等。

(2) 实收资本是指所有者在企业注册资本范围内实际投入的资本。企业收到投资时，按投入资本在注册资本或股本中所占份额，借记"实收资本"或"股本"科目，按其差额，贷记"资本公积——资本溢价(股本溢价)"科目。股份有限公司因减少注册资本而回购本公司股份的，应按实际支付的金额，借记"库存股"科目，然后注销库存股。

(3) 资本公积包括资本溢价(或股本溢价)和其他资本公积，其他综合收益包括直接计入所有者权益的利得和损失等。

(4) 留存收益是企业在经营过程中所创造的，但由于企业经营发展的需要或法定的原因等，没有分配给所有者而留存在企业的盈利，包括企业的盈余公积和未分配利润两部分。盈余公积是指企业按照规定从净利润中提取的各种积累资金，未分配利润是企业实现的净利润经过弥补亏损、提取盈余公积和向投资者分配利润之后留存在企业的、历年结存的利润。

【重点与难点】

(1) 实收资本(股本)的核算。

(2) 资本公积的核算。

(3) 其他综合收益的核算。

(4) 留存收益的核算。

【同步强化练习题】

第一部分　知识能力测试

一、单项选择题

1. 下列各项中，能够引起所有者权益总额增加的是(　　)。

    A. 以资本公积转增资本　　　　　　　　B. 增发新股

    C. 向股东支付已宣告分派的现金股利　　D. 以盈余公积弥补亏损

2. 下列各项中，能够引起企业所有者权益减少的是(　　)。

    A. 股东大会宣告派发现金股利　　　　　B. 以资本公积转增资本

    C. 提取法定盈余公积　　　　　　　　　D. 提取任意盈余公积

3. 接受投资时，非股份有限公司应通过(　　)科目核算。

    A. "未分配利润"　B. "盈余公积"　C. "股本"　　　D. "实收资本"

4. 甲、乙公司均为增值税一般纳税人，适用的增值税税率为13%，甲公司接受乙公司投资转入的原材料一批，账面价值100 000元，投资协议约定价值120 000元，假定投资协议约定的价值与公允价值相符，该项投资没有产生资本溢价。甲公司实收资本应增加(　　)元。

    A. 100 000　　　B. 113 000　　　C. 120 000　　　D. 135 600

5. 股份有限公司发行股票的溢价收入应计入(　　)。

    A. 资本公积　　B. 实收资本　　C. 营业外收入　　D. 盈余公积

6. 甲股份有限公司委托乙证券公司发行普通股，股票面值总额4 000万元，发行总额16 000万元，发行费按发行总额的2%计算(不考虑其他因素)，股票发行净收入已全部收到。甲股份有限公司该笔业务计入"资本公积"科目的金额为(　　)万元。

    A. 4 000　　　B. 11 680　　　C. 11 760　　　D. 12 000

7. 某有限责任公司在增资扩股时，如有新投资者加入，新加入的投资者缴纳的出资额大于按约定比例计算的其在注册资本中所占的份额部分，应计入(　　)科目。

    A. "实收资本"　B. "未分配利润"　C. "盈余公积"　D. "资本公积"

8. 股份有限公司为减少注册资本而收购本公司股份，应按实际支付的金额，借记(　　)科目。

    A. "股本"　　　B. "库存股"　　C. "资本公积"　　D. "盈余公积"

9. 某股份公司2×07年6月按照每股4元从股票交易市场收购本公司每股面值1元的股票1 000万股实现减资，假设该公司有足够的股本溢价，注销库存股时，该企业的会计处理是(　　)。

    A. 冲减库存股1 000万元

    B. 冲减股本1 000万元，冲减资本公积4 000万元

C. 冲减股本1 000万元，冲减资本公积3 000万元

D. 冲减库存股1 000万元，冲减资本公积3 000万元

10. 下列各项中，不属于留存收益的是(　　)。

A. 资本溢价　　　B. 任意盈余公积　　　C. 未分配利润　　　D. 法定盈余公积

11. 某企业2×18 年1 月1 日所有者权益构成情况如下：实收资本1500 万元，资本公积100 万元，盈余公积300 万元，未分配利润200 万元。2018 年度实现利润总额为600 万元，企业所得税税率为25%。假定不存在纳税调整事项及其他因素，该企业2×18 年12 月31 日可供分配利润为(　　)万元。

A. 600　　　　　B. 650　　　　　C. 800　　　　　D. 1100

12. 盈余公积是企业从(　　)中提取的公积金。

A. 利润总额　　　B. 税后净利润　　　C. 营业利润　　　D. 税前利润

13. 2×09 年1 月1 日某企业所有者权益情况如下：实收资本200 万元，资本公积17 万元，盈余公积38 万元，未分配利润32 万元。则该企业2×09 年1 月1 日留存收益为(　　)万元。

A. 32　　　　　B. 38　　　　　C. 70　　　　　D. 87

14. 下列事项中，不涉及留存收益总额发生变化的是(　　)。

A. 将盈余公积转增资本　　　　　B. 分配现金股利

C. 以盈余公积弥补亏损　　　　　D. 分配股票股利

15. 甲公司2×07 年利润分配方案包括，提取法定盈余公积100 万元，以资本公积转增股本300 万元，分派现金股利200 万元。上述方案对甲公司2×07 年报表所有者权益的影响是(　　)。

A. 未分配利润减少100万元，盈余公积增加100万元

B. 未分配利润减少300万元，盈余公积增加100万元

C. 未分配利润减少100万元，资本公积减少300万元，盈余公积增加100万元，股本增加300万元

D. 未分配利润减少600万元

16. 某公司年初未分配利润为1 000 万元，盈余公积为500 万元；本年实现净利润5 000 万元，分别提取法定盈余公积500 万元、任意盈余公积250 万元，宣告发放现金股利500 万元。不考虑其他因素，该公司年末留存收益为(　　)万元。

A. 5 250　　　　B. 6 000　　　　C. 6 500　　　　D. 5 750

二、多项选择题

1. 企业的所有者权益包括(　　)。

A. 投入资本　　　B. 未分配利润　　　C. 资本公积　　　D. 盈余公积

2. 下列各项中，会导致企业实收资本增加的有(　　)。

A. 资本公积转增资本　　　　　B. 接受投资者追加投资

C. 盈余公积转增资本　　　　　D. 接受非流动资产捐赠

3. 下列各项中，构成企业留存收益的有(　　)。

A. 资本公积　　　B. 盈余公积　　　C. 未分配利润　　　D. 实收资本

4. 下列各项中，属于企业留存收益的有(　　)。

    A. 按规定从净利润中提取的法定盈余公积

    B. 累积未分配的利润

    C. 按股东大会决议从净利润中提取的任意盈余公积

    D. 发行股票的溢价收入

5. 企业提取的盈余公积主要用于(　　)。

    A. 弥补亏损　　　　　B. 转增资本　　　　　C. 分配股利　　　　　D. 发放奖金

6. 盈余公积包括(　　)。

    A. 法定盈余公积　　　B. 资本公积金　　　　C. 任意盈余公积　　　D. 未分配利润

7. 企业自行弥补亏损的合法渠道包括(　　)。

    A. 用以后年度税前利润弥补　　　　　　　B. 用以后年度税后利润弥补

    C. 用盈余公积弥补　　　　　　　　　　　D. 用资本公积弥补

三、判断题

1. 由于所有者权益和负债都是对企业资产的要求权，因此它们的性质是一样的。　(　　)

2. 收入能够导致企业所有者权益增加，但导致所有者权益增加的不一定都是收入。(　　)

3. 企业资产增加时，企业所有者权益必然会增加。　　　　　　　　　　　　　(　　)

4. 企业的实有资本在任何情况下都要与注册资本相一致。　　　　　　　　　　(　　)

5. 以发行股票方式筹集资本，发行股票的佣金和手续费等要计入股本。　　　　(　　)

6. 符合国家规定比例的，所有者还可以用无形资产进行投资。　　　　　　　　(　　)

7. 资本公积反映的是企业收到投资者出资额超出其在注册资本或股本中所占份额的部分及直接计入当期损益的利得和损失。　　　　　　　　　　　　　　　　　　　　　(　　)

8. 企业提取法定盈余公积达到注册资本的25%后，可以不再提取。　　　　　　(　　)

9. 企业以盈余公积向投资者分配现金股利，不会引起留存收益金额的变动。　　(　　)

10. 用法定盈余公积转增资本或弥补亏损时，均不导致所有者权益总额的变化。　(　　)

11. 企业年末资产负债表中的未分配利润的金额等于"利润分配"科目的年末余额。

                                                       (　　)

四、问答题

1. 什么是所有者权益？其来源主要有哪些？

2. 什么是资本公积？资本公积有哪些主要内容？

3. 什么是留存收益？留存收益包括哪几部分？

4. 什么是盈余公积？盈余公积的主要用途是什么？

5. 简述企业当年实现的净利润分配的顺序。

6. 什么是未分配利润？

第二部分　业务能力测试

1. 2×07 年 1 月 1 日，A、B、C 三位股东出资设立甲有限责任公司，投资过程中无溢价产生，注册资本为 1 000 000 元，出资方式如下：

(1) A 股东投入银行存款 500 000 元。

(2) B 股东投入银行存款 82 000 元及厂房一栋。该厂房原取得成本为 600 000 元，已提折旧 200 000 元，投资合同约定价值为 200 000 元，假定约定价值公允，并据此开具了增值税专用发票，适用增值税税率 9%。

(3) C 股东投入银行存款 94 000 元及一项专利技术，该专利技术原入账价值为 200 000 元，已摊销 150 000 元，投资合同约定价值为 100 000 元，假定约定价值公允，并据此开具了增值税专用发票，适用增值税税率 6%。

2×09 年 1 月 1 日，A、B、C 三位股东同意接受 E 股东加入甲有限责任公司，E 股东投入货币资本 400 000 元只享有 20%股权。

要求：

(1) 编制 2×07 年 1 月 1 日甲有限责任公司设立时分别接受 A、B、C 股东投资的会计分录；

(2) 编制 2×09 年 1 月 1 日甲有限责任公司接受 E 股东的会计分录。

2. 甲公司原由投资者 A 和投资者 B 共同出资成立，每人出资 200 000 元，各占 50%的股份。经营两年后，投资者 A 和投资者 B 决定增加公司资本，此时有一新的投资者 C 要求加入甲公司。经有关部门批准后，甲公司实施增资，将实收资本增加到 900 000 元。经三方协商，一致同意，完成投资后，三方投资者各拥有甲公司 300 000 元实收资本，并各占甲公司 1/3 的股份。各投资者的出资情况如下：

(1) 投资者 A 以一台不需要安装的设备投入甲公司作为增资，该设备原价 180 000 元，已提折旧 95 000 元，评估确认价 90 000 元，据此开具了增值税专用发票，增值税为 11 700 元。甲公司已收到设备并投入使用。

(2) 投资者 B 以一批原材料投入甲公司作为增资，评估确认价值为 92 000 元，税务部门认定增值税专用发票增值税税额为 11 960 元。

(3) 投资者 C 以银行存款投入甲公司 390 000 元。

要求：根据以上资料，分别编制甲公司接受投资者 A、投资者 B 增资时，以及投资者 C 初次出资时的会计分录。

3. 甲公司 2×07 年 12 月 31 日的股本为 20 000 万股，每股面值为 1 元，资本公积(股本溢价)5 000 万元，盈余公积 3 000 万元。经股东大会批准，甲公司以现金回购本公司股票 3000 万股并注销。

要求：

(1) 假定每股回购价为 0.8 元，编制回购股票和注销股票的会计分录；

(2) 假定每股回购价为 2 元，编制回购股票和注销股票的会计分录；

(3) 假定每股回购价为 3 元，编制回购股票和注销股票的会计分录。

4. A 股份有限公司的股本为 100 000 000 元，每股面值 1 元。2×08 年年初未分配利润为贷方 80 000 000 元，2×08 年实现净利润 50 000 000 元。

假定公司按照 2×08 年实现净利润的 10%提取法定盈余公积，5%提取任意盈余公积，同时向股东按每股 0.2 元派发现金股利，按每 10 股送 3 股的比例派发股票股利。2×09 年 3 月 15 日，公司以银行存款支付了全部现金股利，新增股本也已经办理完股权登记和相关增资手续。

要求：对以上业务进行会计处理。

5. 甲公司 2×07 年度的有关资料如下：

(1) 年初未分配利润为贷方 1 000 000 元，本年实现净利润总额为 2 900 000 元。

(2) 按税后利润的 10%提取法定盈余公积。

(3) 提取任意盈余公积 100 000 元。

(4) 向投资者宣告分配现金股利 400 000 元。

要求：

(1) 编制甲公司提取法定盈余公积的会计分录；

(2) 编制甲公司提取任意盈余公积的会计分录；

(3) 编制甲公司向投资者宣告分配现金股利的会计分录；

(4) 计算年末未分配利润。

项目十二　收入、费用和利润核算能力

【学习目标】

通过本项目的学习，学生应掌握收入确认的原则和前提条件，熟悉收入确认和计量的步骤；掌握在某一时点履行履约义务确认收入的基本要求；掌握在某一时段内履行履约义务确认收入的基本要求；掌握费用的概念及期间费用的构成；掌握营业利润、利润总额和净利润的概念；掌握所得税核算的有关要求；掌握营业外收入和营业外支出的概念。

【学习指导】

本项目主要介绍收入核算、费用核算和利润核算。

(1) 收入是指企业在日常活动中形成的、会导致所有者权益增加的、与所有者投入资本无关的经济利益的总流入。企业应当在履行了合同中的履约义务，即在客户取得相关商品控制权时确认收入。

(2) 收入确认和计量大致分为五步：识别与客户订立的合同、识别合同中的单项履约义务、确定交易价格、将交易价格分摊至各单项履约义务、履行每一单项履约义务时确认收入。

(3) 为了核算企业与客户之间的合同产生的收入及相关的成本费用，一般需要设置"主业务收入""其他业务收入""主营业务成本""其他业务成本""合同取得成本""合同履约成本""合同资产""合同负债"等科目。此外，企业发生减值的，还应当设置"合同取得成本减值准备""合同履约成本减值准备""合同资产减值准备"等科目进行核算。

(4) 对于在某一时点履行的履约义务，企业应当在客户取得相关商品控制权时点确认收入。在判断客户是否已取得商品控制权时，企业应当考虑相关迹象。

(5) 一般销售商品业务收入确认销售商品收入时，企业应按已收或应收的合同或协议价款，加上应收取的增值税税额，借记"银行存款""应收账款""应收票据"等科目，按确定的收入金额，贷记"主营业务收入""其他业务收入"等科目，按应收取的增值税税额，贷记"应交税费——应交增值税(销项税额)"科目。

(6) 已经发出商品但不能确认收入，在发出商品时，企业不应该确认收入，借记"发出商品"科目，贷记"库存商品"科目；当收到货款或取得收取货款权利时，确认收入。

(7) 企业销售商品时会遇到商业折扣、现金折扣等问题，应当根据不同情况分别进行处理。企业销售商品涉及商业折扣的，应当按照扣除商业折扣后的金额确定销售商品收入金额；企业销售商品涉及现金折扣的，应当按照扣除现金折扣前的金额确定销售商品收入金额。

(8) 销售退回发生于未确认收入之前，应借记"库存商品"科目，贷记"发出商品"科目；销售退回发生于确认收入之后，但不属于资产负债表日后事项，企业应在发生时冲减当期销售商品收入，同时冲减当期销售商品成本。

(9) 附有销售退回条款的销售，企业应当在客户取得相关商品控制权时，按照因向客户转让商品而预期有权收取的对价金额确认收入，按照预期因销售退回将退还的金额确认负债；同时，按照预期将退回商品转让时的账面价值，扣除收回该商品预计发生的成本(包括退回商品的价值减损)后的余额，确认为一项资产，按照所转让商品转让时的账面价值，扣除上述资产成本的净额结转成本。

(10) 附有质量保证条款的销售，企业应当评估该质量保证是否在向客户保证所销售商品符合既定标准之外提供了一项单独的服务。企业提供额外服务的，应当作为单项履约义务，按照《企业会计准则第 14 号——收入》规定进行会计处理；否则，质量保证责任应当按照《企业会计准则第 13 号——或有事项》规定进行会计处理。

(11) 附有客户额外购买选择权的销售，企业提供重大权利的，应当作为单项履约义务，按照《企业会计准则第 14 号——收入》规定将交易价格分摊至该履约义务，在客户未来行使购买选择权取得相关商品控制权时，或者该选择权失效时，确认相应的收入。

(12) 企业销售不需用的原材料、包装物等存货确认的收入，作为其他业务收入处理。

(13) 满足下列条件之一的，属于在某一时段内履行履约义务；否则，属于在某一时点履行履约义务：①客户在企业履约的同时即取得并消耗企业履约所带来的经济利益；②客户能够控制企业履约过程中在建的商品；③企业履约过程中所产出的商品具有不可替代的用途，且该企业在整个合同期间内有权就累计至今已完成的履约部分收取款项。

(14) 企业为取得合同发生的增量成本预期能够收回的，应当作为合同取得成本确认为一项资产。但是，该资产摊销期限不超过一年的，可以在发生时计入当期损益。

(15) 企业为履行合同发生的成本，不属于其他企业会计准则规范范围且同时满足下列条件的，应当作为合同履约成本确认为一项资产：①该成本与一份当前或预期取得的合同直接相关，包括直接人工、直接材料、制造费用或类似费用、明确由客户承担的成本，以及仅因该合同而发生的其他成本；②该成本增加了企业未来用于履行履约义务的资源；③该成本预期能够收回。

(16) 费用是指企业在日常活动中发生的、会导致所有者权益减少的、与向所有者分配利润无关的经济利益的总流出。在确认费用时，首先应当划分生产费用与非生产费用的界限。

(17) 期间费用包括销售费用、管理费用和财务费用。销售费用是指企业在销售商品和材料、提供劳务的过程中发生的各种费用；管理费用是指企业为组织和管理企业生产经营所发生的管理费用；财务费用是指企业为筹集生产经营所需资金等而发生的筹资费用。

(18) 利润是指企业在一定会计期间的经营成果。利润包括收入减去费用后的净额、直接计入当期利润的利得和损失等。利润的计算包括营业利润的计算、利润总额的计算和净利润的计算。

(19) 我国所得税会计采用资产负债表债务法。资产的计税基础是指企业收回资产账面价值的过程中，计算应纳税所得额时按照税法规定可以自应税经济利益中抵扣的金额，即某一项资产在未来期间计税时按照税法规定可以税前扣除的金额。负债的计税基础是指负债的账面价值减去未来期间计算应纳税所得额时按照税法规定可予抵扣的金额。

(20) 暂时性差异是指资产、负债的账面价值与其计税基础不同产生的差额。根据暂时性差异对未来期间应纳税所得额的影响，分为应纳税暂时性差异和可抵扣暂时性差异。递延所得税负债产生于应纳税暂时性差异，递延所得税资产产生于可抵扣暂时性差异。

(21) 所得税费用包括当期所得税和递延所得税两部分。

(22) 营业外收支是指企业发生的与日常活动无直接关系的各项收支，包括营业外收入和营业外支出。

【重点与难点】

(1) 收入的确认与计量。
(2) 费用的确认与计量。
(3) 利润的计算与会计处理。
(4) 暂时性差异的确定与会计处理。

【同步强化练习题】

第一部分　知识能力测试

一、单项选择题

1. 下列各项中，按照收入准则进行会计处理的收入是(　　)。

 A. 出租无形资产取得的租金   B. 出租固定资产取得的租金

 C. 出售原材料收到的价款   D. 进行长期股权投资取得的现金股利

2. 甲公司与客户签订合同为其建造一栋厂房，合同价款为 2 000 000 元，6 个月完工，合同中约定若提前 1 个月完工，客户将额外奖励甲公司 100 000 元，甲公司估计工程提前 1 个月完工的概率为 95%，不考虑其他因素，则甲公司应确定的交易价格为(　　)元。

 A. 2 000 000 B. 2 100 000 C. 1 900 000 D. 1 995 000

3. 甲公司与客户签订合同，向其销售 A、B 两件产品，合同价款为 120 000 元。A、B 产品的单独售价分别为 60 000 元和 90 000 元，上述价格均不包含增值税。不考虑其他因素，A 产品应当分摊的交易价格为(　　)元。

 A. 48 000 B. 60 000 C. 90 000 D. 75 000

4. 甲公司销售产品每件 440 元，若客户购买 200 件(含 200 件)以上，每件可得到 40 元的商业折扣。某客户 2×08 年 8 月 8 日购买该企业产品 200 件，按规定现金折扣条件为"2/10，1/20，n/30"，适用的增值税税率为 13%。该企业于 8 月 24 日收到该笔款项，计算现金折扣时考虑增值税，则实际收到的款项为(　　)元。

  A. 90 400   B. 88 800   C. 89 600   D. 89 496

  5. 采用收取手续费的方式发出商品时，委托方确认商品销售收入的时点为(　　)。

  A. 委托方发出商品时   B. 受托方销售商品时

  C. 委托方收到受托方开具的代销清单时 D. 受托方收到受托代销商品的销售货款时

  6. A公司本年度委托B商店代销一批零配件，不含税代销价款2 000 000元。本年度收到B商店交来的代销清单，代销清单列明已销售代销零配件的60%，A公司收到代销清单时向B商店开具增值税专用发票，适用增值税税率为13%。B商店按不含税代销价款的5%收取手续费，并开具了相应增值税专用发票，适用增值税税率为6%。该批零配件的实际成本为1 200 000元。则A公司本年度应确认的销售收入为(　　)元。

  A. 1 200 000   B. 1 140 000   C. 2 000 000   D. 800 000

  7. 企业发生以前年度的销售退回时(非资产负债表日后事项)，其冲减的销售收入应在退回当期计入(　　)。

  A. 以前年度损益调整   B. 营业外支出

  C. 营业外收入   D. 主营业务收入

  8. 2×10年1月1日，甲公司采用分期收款方式向乙公司销售大型商品一套，合同规定不含增值税的销售价格为9 000 000元，分三次于每年12月31日等额收取，假定在现销方式下，该商品不含增值税的销售价格为8 100 000元。不考虑其他因素，甲公司2×10年应确认的销售收入为(　　)元。

  A. 2 700 000   B. 3 000 000   C. 8 100 000   D. 9 000 000

  9. 下列项目中，属于其他业务收入的是(　　)。

  A. 罚款收入   B. 出售固定资产收入

  C. 销售材料收入   D. 出售无形资产收入

  10. 甲公司为一家装修服务公司。2×09年8月初，甲公司履行一份与客户签订的装修合同，发生的人工费用共计20 000元，于完工时一次性支付，装修工程于月底结束并通过客户验收。假定属于在某一时点履行的履约义务。甲公司月底结转装修人工成本的会计处理正确的是(　　)。

  A. 借：主营业务成本 20 000   B. 借：主营业务成本 20 000
     贷：合同履约成本 20 000   贷：银行存款   20 000
  C. 借：合同履约成本 20 000   D. 借：合同履约成本 20 000
     贷：主营业务成本 20 000   贷：银行存款   20 000

  11. 企业对外销售需要安装的商品时，若安装和检验属于销售合同的重要组成部分，则确认该商品销售收入的时间是(　　)。

  A. 商品运抵并开始安装时   B. 发出商品时

  C. 商品安装完毕并检验合格时   D. 收到商品销售货款时

  12. 甲公司为增值税一般纳税人。2×09年12月1日，与乙公司签订了一项为期6个月的培训合同，合同不含税总价款为100 000元。当日收到总价款的50%，增值税税额为3 000元。截至年末，甲公司累计发生培训成本20 000元，估计还将发生培训成本30 000元，履约进度按照已发生的成本占估计总成本的比例确定。2×09 年 12 月 31 日，甲公司应确认该项培训的收入为(　　)元。

    A. 40 000　　　　B. 20 000　　　　C. 40 000　　　　D. 100 000

13. 2×09 年 12 月 1 日，甲公司与乙公司签订一项为期 6 个月的技术研发服务合同，合同总价款为 800 000 元(不含增值税)。当日收到乙公司预付合同款项 530 000 元(含增值税税额 30 000 元)。该服务符合按履约进度确认收入的条件，2×09 年年末经过专业测量师测量，服务的履约进度为 40%。甲公司 2×09 年年末应确认的该服务收入为(　　)元。

    A. 500 000　　　　B. 320 000　　　　C. 530 000　　　　D. 800 000

14. 2×09 年 12 月 1 日，甲公司接受乙公司委托为其安装一项大型设备，安装期限为 3 个月，合同约定乙公司应支付安装费总额为 250 000 元(不含增值税)。当日收到乙公司合同预付款 130 800 元(含增值税 10 800 元)，其余款项安装结束验收合格后一次付清。截至 2×09 年 12 月 31 日，甲公司实际发生安装费 40 000 元，预计至安装完成还将发生安装费用 120 000 元，该公司按已发生的成本占估计总成本的比例确定履约进度。不考虑其他因素，甲公司 2×09 年应确认的收入为(　　)元。

    A. 40 000　　　　B. 62 500　　　　C. 120 000　　　　D. 250 000

15. 甲公司经营一家健身俱乐部。2×10 年 12 月 1 日，某客户与甲公司签订合同，成为甲公司的会员，并向甲公司支付会员费 6 360 元(含税价)，可在未来的 12 个月内在该俱乐部健身，且没有次数的限制。该业务适用的增值税税率为 6%。甲公司 2×10 应确认的收入为(　　)元。

    A. 6 360　　　　B. 6 000　　　　C. 530　　　　D. 500

16. 某企业于 2×08 年 11 月接受一项劳务安装任务，按照履约进度确认劳务收入，按已发生的劳务成本占预计总成本的比重确定完工程度。预计安装期 14 个月，合同总收入 2 000 000 元。至 2×09 年年底已预收款项 1 600 000 元，余款在安装完成时收回，至 2×09 年 12 月 31 日实际发生成本 1 520 000 元，预计还将发生成本 80 000 元。2×08 年已确认收入 100 000 元。假定不考虑增值税，则该企业 2×09 年度确认收入为(　　)元。

    A. 1 600 000　　B. 1 800 000　　C. 2 000 000　　D. 1 820 000

17. 下列项目中，属于合同取得成本的是(　　)。

    A. 差旅费　　　　　　　　　　B. 投标费

    C. 销售佣金　　　　　　　　　D. 为准备投标资料发生的相关费用

18. 甲公司是一家法律咨询公司，其通过竞标赢得一个新客户，为取得该客户的合同，甲公司发生下列支出：聘请外部律师进行尽职调查的支出为 30 000 元，因投标发生的差旅费为 8 000 元，销售人员佣金为 10 000 元，甲公司预期这些支出未来能够收回。此外，甲公司根据其年度销售目标、整体盈利情况及个人业绩等，向销售部门经理支付年度奖金 20 000 元。甲公司应当将其作为合同取得成本确认为一项资产的金额是(　　)元。

    A. 30 000　　　　B. 38 000　　　　C. 48 000　　　　D. 10 000

19. 企业发生的下列各项税费中不应计入"税金及附加"科目的是(　　)。

    A. 自用房产缴纳的房产税　　　B. 销售商品缴纳的教育费附加

    C. 销售应税消费品缴纳的消费税　D. 处置固定资产缴纳的增值税

20. 下列各项中，不应计入管理费用的是(　　)。

　　A. 发生的排污费　　　　　　　　　　B. 发生的矿产资源补偿费

　　C. 管理部门固定资产报废净损失　　　D. 发生的业务招待费

21. 下列项目中，按照现行会计制度的规定，销售企业应当作为财务费用处理的是(　　)。

　　A. 购货方获得的现金折扣　　　　　　B. 购货方获得的商业折扣

　　C. 购货方获得的销售折让　　　　　　D. 购货方放弃的现金折扣

22. 下列项目中，应计入营业外支出的是(　　)。

　　A. 计提存货跌价准备

　　B. 自然灾害造成的存货损失

　　C. 研究与开发无形资产过程中发生的各项支出

　　D. 计提固定资产减值准备

23. 下列各项中，应计入营业外收入的是(　　)。

　　A. 接受捐赠利得　　　　　　　　　　B. 处置长期股权投资产生的收益

　　C. 出租无形资产取得的收入　　　　　D. 出售无形资产取得的净收益

24. 下列不影响营业利润的项目是(　　)。

　　A. 公允价值变动损益　　　　　　　　B. 投资受益

　　C. 资产减值损失　　　　　　　　　　D. 营业外收入

25. 某企业2×07年发生的营业收入为1 000万元，营业成本为600万元，销售费用为20万元，管理费用为50万元，财务费用为10万元，投资收益为40万元，资产减值损失为70万元(损失)，公允价值变动损益为80万元(收益)，营业外收入为25万元，营业外支出为15万元。该企业2×07年的营业利润为(　　)万元。

　　A. 370　　　　　　B. 330　　　　　　C. 320　　　　　　D. 390

26. C上市公司2×07年营业收入为6 000万元，营业成本为4 000万元，税金及附加为60万元，销售费用为200万元，管理费用为300万元，财务费用为70万元，资产减值损失为20万元，公允价值变动收益为10万元，投资收益为40万元，营业外收入为5万元，营业外支出为3万元，C上市公司2×07年营业利润为(　　)万元。

　　A. 1 370　　　　　B. 1 360　　　　　C. 1 402　　　　　D. 1 400

27. 某公司核定的计税工资总额全年为200万元，本年度实际发放的工资总额为350万元。若公司本年度的税前会计利润为1 000万元，且该公司的所得税税率为25%，该公司本年度应交的所得税为(　　)万元。

　　A. 250　　　　　　B. 287.5　　　　　C. 300　　　　　　D. 337.5

28. A公司于2×08年12月31日"预计负债——产品质量保证费用"科目贷方余额为400 000元，2×09年实际发生产品质量保证费用300 000元，2×09年12月31日预提产品质量保证费用500 000元，2×09年12月31日该项负债的计税基础为(　　)元。

　　A. 0　　　　　　　B. 200 000　　　　C. 500 000　　　　D. 400 000

29. 甲企业采用资产负债表债务法核算所得税，上期期末"递延所得税负债"科目贷方余额为 400 000 元，适用的所得税税率为 20%。本期发生应纳税暂时性差异为 400 000 元，本期适用的所得税税率为 25%。本期期末"递延所得税负债"科目余额为(   )万元。

    A. 500 000　　　　　　B. 600 000　　　　　　C. 480 000　　　　　　D. 300 000

30. 某企业 2×08 年 1 月 1 日持有一项交易性金融资产，取得成本为 5 000 万元，2×08 年 12 月 31 日公允价值为 6 000 万元，则产生的暂时性差异为(   )。

    A. 应纳税暂时性差异 1 000 万元　　　　　B. 可抵扣暂时性差异 1 000 万元

    C. 应纳税暂时性差异 6 000 万元　　　　　D. 可抵扣暂时性差异 5 000 万元

31. 我国企业会计准则要求企业采用的所得税会计核算方法是(   )。

    A. 利润表法　　　　　　　　　　　B. 应付税款法

    C. 资产负债表递延法　　　　　　　D. 资产负债表债务法

32. A 公司 2×05 年 12 月 31 日购入价值 200 000 元的设备，预计使用期 5 年，无残值。采用直线法计提折旧，计税时采用双倍余额递减法计提折旧。适用的所得税税率为 25%，2×07 年 12 月 31 日的递延所得税负债余额为(   )万元。

    A. 1 200　　　　　　　B. 15 800　　　　　　C. 12 000　　　　　　D. 40 000

33. 某企业 2×08 年利润总额为 500 万元，适用的所得税税率为 25%，当年发生的交易和事项取得国债利息收入 20 万元，年末计提无形资产减值准备 40 万元。据此计算该企业 2×08 年应交所得税为(   )万元。

    A. 120　　　　　　　　B. 125　　　　　　　C. 130　　　　　　　D. 135

二、多项选择题

1. 下列各项中，属于收入的特点的有(   )。

    A. 收入是企业在日常活动中形成的经济利益的总流入

    B. 收入一定导致企业资产的增加

    C. 收入会导致企业所有者权益的增加

    D. 收入与所有者投入资本无关

2. 下列各项中，应按收入准则进行会计处理的有(   )。

    A. 销售商品　　　　　　　　　　　B. 提供服务

    C. 出租无形资产收取的租金　　　　D. 进行股权投资取得的现金股利

3. 确认收入包括识别与客户订立的合同，则下列关于合同的说法正确的有(   )。

    A. 合同可以是书面形式　　　　　　B. 合同不能以口头形式订立

    C. 合同可以基于商业惯例订立　　　D. 合同的订立须有法律约束力的权利与义务

4. 取得商品控制权包括的要素有(   )。

    A. 客户必须拥有现时权利，能够主导该商品的使用并从中获得几乎全部经济利益

    B. 客户有能力主导该商品的使用，即客户在其活动中有权使用该商品，或者能够允许或阻止其他方使用该商品

    C. 客户能够获得商品几乎全部的经济利益

    D. 客户只能在未来的某一期间主导该商品的使用并从中获益

5. 对于在某一时点履行的履约义务,企业应当在客户取得相关商品控制权时点确认收入。在判断控制权是否转移时,企业应当综合考虑的迹象有(   )。

    A. 企业就该商品享有现时收款权利,即客户就该商品负有现时付款义务

    B. 企业已将该商品的法定所有权转移给客户,即客户已拥有该商品的法定所有权

    C. 企业已将该商品实物转移给客户,即客户已占有该商品实物

    D. 客户已接受该商品

6. 下列项目中,属于在某一时段内履行的履约义务的有(   )。

    A. 客户在企业履约的同时即取得并消耗企业履约所带来的经济利益

    B. 客户能够控制企业履约过程中在建的商品

    C. 企业履约过程中所产出的商品具有不可替代的用途,且该企业在整个合同期间内有权就累计至今已完成的履约部分收取款项

    D. 销售商品收到现金

7. 下列各项中,不应作为合同履约成本确认为合同资产的有(   )。

    A. 销售佣金

    B. 投标费

    C. 为履行合同耗用的原材料

    D. 非正常消耗的直接材料、直接入工和制造费用

8. 下列项目中,表明控制权发生转移的有(   )。

    A. 企业与客户签订交款提货合同,在企业销售商品并送货到客户指定地点,客户验收合格并付款

    B. 房地产企业向客户销售商品房,在客户付款后取得房屋产权证时,表明企业已将该商品房的法定所有权转移给客户

    C. 企业向客户销售为其定制的生产设备,客户收到并验收合格后办理入库手续

    D. 企业与客户签订销售商品合同,客户收到商品,确认无误后5日内付款,客户收到企业开具的发票并将商品验收入库

9. 下列各项中,不应作为合同履约成本确认为合同资产的有(   )。

    A. 为取得合同而发生但预期能够收回的增量成本

    B. 为组织和管理企业生产经营而发生的但非由客户承担的管理费用

    C. 无法在尚未履行的与已履行(或已部分履行)的履约义务之间区分的支出

    D. 为履行合同而发生的非正常消耗的直接材料、直接人工和制造费用

10. 下列各项中,不应计入商品销售收入的有(   )。

    A. 应收取的代垫运杂费   B. 应收取的增值税销项税额

    C. 销售商品的价款   D. 实际发生的商业折扣

11. 下列各项中,最终应计入产品成本的有(   )。

    A. 生产设备的折旧费   B. 生产工人的工资

    C. 机器设备的修理费   D. 车间管理人员的工资

12. 下列各项中，属于其他业务收入的有(　　)。

　　A. 出租无形资产所取得的收入　　　　　　B. 销售产品取得的收入

　　C. 出售无形资产净收益　　　　　　　　　D. 销售材料取得的收入

13. 下列项目中，属于其他业务成本核算内容的是(　　)。

　　A. 销售材料结转的材料成本　　　　　　　B. 出租无形资产的摊销额

　　C. 随同产品出售不单独计价的包装物成本　D. 随同产品出售单独计价的包装物成本

14. 下列各项中，属于企业期间费用的有(　　)。

　　A. 销售费用　　　　　B. 制造费用　　　　C. 管理费用　　　　D. 财务费用

15. 下列各项中，应通过"销售费用"科目核算的有(　　)。

　　A. 销售商品发生的运输费

　　B. 销售产品预计的产品质量保证费

　　C. 为销售商品而发生的招待费

　　D. 随同商品出售且不单独计价的包装物成本

16. 企业计提职工的各项薪酬时，可能借记的科目有(　　)。

　　A. "生产成本"　　　B. "制造费用"　　　C. "管理费用"　　　D. "销售费用"

17. 下列项目中，不应作为管理费用核算的有(　　)。

　　A. 计提坏账准备

　　B. 自行研发专利技术的研究费用

　　C. 诉讼费

　　D. 自行研发专利技术符合资本化的开发费用

18. 一般工业企业缴纳的各种税金中，可能通过"税金及附加"科目核算的有(　　)。

　　A. 增值税　　　　　　B. 消费税　　　　　C. 城市维护建设税　D. 印花税

19. 下列各项中，按规定应计入营业外支出的是(　　)。

　　A. 无形资产出售净损失　　　　　　　　　B. 固定资产出售净损失

　　C. 对外捐赠支出　　　　　　　　　　　　D. 固定资产毁损报废净损失

20. 下列各项中，通过营业外收支核算的有(　　)。

　　A. 取得国债利息收入　　　　　　　　　　B. 对外捐赠支出

　　C. 对外出售不需用原材料实现的净损益　　D. 因违反环保法规被环保部门罚款支出

21. 下列各项中，会导致当期营业利润减少的有(　　)。

　　A. 出售无形资产发生的净损失　　　　　　B. 计提行政管理部门固定资产折旧

　　C. 办理银行承兑汇票支付的手续费　　　　D. 出售交易性金融资产发生的净损失

22. 资产负债表债务法下，下列项目中，计算所得税费用时应在本期应交所得税基础上做减项的有(　　)。

　　A. 本期确认的递延所得税负债增加额　　　B. 本期确认的递延所得税负债减少额

　　C. 本期确认的递延所得税资产增加额　　　D. 本期确认的递延所得税资产减少额

23. 在不考虑其他影响因素的情况下，企业发生的下列交易或事项中，期末会引起"递延所得税资产"增加的有(　　)。

　　A. 本期计提固定资产减值准备

  B. 根据预计的未来将发生的产品售后保修费用，确认预计负债

  C. 本期发生净亏损，税法允许在未来5年内税前补亏

  D. 实际发生产品售后保修费用，冲减已计提的预计负债

24. 下列各项中，产生应纳税暂时性差异的有(　　)。

  A. 资产账面价值大于其计税基础   B. 资产账面价值小于其计税基础

  C. 负债账面价值大于其计税基础   D. 负债账面价值小于其计税基础

25. 下列各种情形中，会产生可抵扣暂时性差异的有(　　)。

  A. 资产账面价值大于其计税基础   B. 资产账面价值小于其计税基础

  C. 负债账面价值大于其计税基础   D. 负债账面价值小于其计税基础

26. 下列项目中，可能使本期所得税费用减少的有(　　)。

  A. 本期递延所得税资产贷方发生额   B. 本期递延所得税资产借方发生额

  C. 本期递延所得税负债借方发生额   D. 本期递延所得税负债贷方发生额

27. 下列各项目中，在计算应纳税所得额时，应做纳税调减的有(　　)。

  A. 期末确认国债利息收入   B. 期末交易性金融资产公允价值下降

  C. 期末交易性金融资产公允价值上升   D. 期末计提存货跌价准备

28. 下列情形中，应确认递延所得税负债的有(　　)。

  A. 固定资产账面价值大于其计税基础

  B. 固定资产账面价值小于其计税基础

  C. 交易性金融资产账面价值大于其计税基础

  D. 预计负债账面价值大于其计税基础

三、判断题

1. 收入是企业形成的、会导致所有者权益增加、与所有者投入资本无关的经济利益的总流入。　　　　　　　　　　　　　　　　　　　　　　　　　　　　　　　　　( )

2. 收入一定表现为企业资产的增加。　　　　　　　　　　　　　　　　( )

3. 确认和计量任何一项合同收入都必须经过5个步骤。　　　　　　　　( )

4. 企业只要将商品所有权上的主要风险和报酬转移给了购货方，就可以确认收入。( )

5. 履约义务是指合同中企业向客户转让可明确区分商品或服务的承诺。　　( )

6. 企业应将向客户转让一系列实质相同且转让模式相同的、可明确区分商品的承诺作为单项履约义务。　　　　　　　　　　　　　　　　　　　　　　　　　　　　　( )

7. 企业销售商品时如果不满足收入确认条件的，不应确认收入。企业商品已发出，需要在备查簿中进行登记以反映此项业务。　　　　　　　　　　　　　　　　　　　( )

8. 向客户销售商品之前，已收到或已经取得无条件收取合同对价权利的，应当在收到全部货款时确认收入。　　　　　　　　　　　　　　　　　　　　　　　　　　　( )

9. 企业向客户转让商品的对价未达到"很可能收回"的条件。在发出商品时，企业不应确认收入，将发出商品的成本计入"合同资产"科目，借记"合同资产"科目，贷记"库存商品"科目。　　　　　　　　　　　　　　　　　　　　　　　　　　　　　　　( )

10. 企业发生的商业折扣和现金折扣均属于销售产品付出的代价，在发生时计入当期销售费用中。　　　　　　　　　　　　　　　　　　　　　　　　　　　　　（　　）

11. 企业应当在履行了合同中的履约义务，即在客户取得相关商品所有权时确认收入。
　　　　　　　　　　　　　　　　　　　　　　　　　　　　　　　　（　　）

12. 对于在某一段时间内履行的履约义务，企业一律在该段时间内按照履约进度确认收入。
　　　　　　　　　　　　　　　　　　　　　　　　　　　　　　　　（　　）

13. 企业为取得合同发生的增量成本预期能够收回的，应作为合同取得成本确认为一项资产。　　　　　　　　　　　　　　　　　　　　　　　　　　　　　　　（　　）

14. 企业取得合同发生的增量成本已经确认为资产的，应当采用与该资产相关的商品收入确认相同的基础进行摊销，计入当期损益。　　　　　　　　　　　　　　　（　　）

15. 无法在尚未履行的与已履行(或已部分履行)的履约义务之间区分的相关支出，应计入合同履约成本。　　　　　　　　　　　　　　　　　　　　　　　　　　　（　　）

16. 对需要安装的商品的销售，必须在安装和检验完毕后确认收入。　　　　（　　）

17. 企业已经确认销售商品收入发生销售折让时，应冲减当月的销售商品收入，不应该冲减销售商品的成本和相应的增值税销项税额。　　　　　　　　　　　　　（　　）

18. 按企业会计制度规定，企业发生的销售折让应作为财务费用处理。　　　（　　）

19. 企业发生的销货退回，无论是属于本年度销售的，还是以前年度销售的，都应冲减退回年度的主营业务收入及相关的成本费用。　　　　　　　　　　　　　　　（　　）

20. 代销商品中，受托方将商品销售后，按实际售价确认为销售收入，并向委托方开具代销清单。　　　　　　　　　　　　　　　　　　　　　　　　　　　　　（　　）

21. 制造费用与管理费用不同，本期发生的管理费用直接影响本期损益，而本期发生的制造费用不一定影响本期损益。　　　　　　　　　　　　　　　　　　　　（　　）

22. 管理费用、资产减值损失、税金及附加和营业外收入都会影响企业的营业利润。
　　　　　　　　　　　　　　　　　　　　　　　　　　　　　　　　（　　）

23. 企业出售固定资产发生的处置净损失也属于企业的费用。　　　　　　　（　　）

24. 可抵扣暂时性差异在未来期间转回时会减少转回期间的应纳税所得额，减少未来期间的应交所得税；应纳税暂时性差异在未来期间转回时会增加转回期间的应纳税所得额，增加未来期间的应交所得税金额。　　　　　　　　　　　　　　　　　　（　　）

25. 企业因违反国家法律法规应缴纳的罚款和滞纳金，在尚未支出之前按照会计准则规定确认为损失，同时作为负债反映。税法规定，此类罚款和滞纳金不允许税前扣除，则该项负债的账面价值等于计税基础。　　　　　　　　　　　　　　　　　　　　　（　　）

26. 对于应付职工薪酬，超过税法扣除标准的部分产生可抵扣暂时性差异，应确认相关的递延所得税资产。　　　　　　　　　　　　　　　　　　　　　　　　　（　　）

27. 应纳税暂时性差异在未来期间转回时，会增加转回期间的应纳税所得额和应交所得税。
　　　　　　　　　　　　　　　　　　　　　　　　　　　　　　　　（　　）

28. 对于按照税法规定可以结转以后年度的未弥补亏损及税款抵减，应视同可抵扣暂时性差异处理。　　　　　　　　　　　　　　　　　　　　　　　　　　　　　（　　）

29. 可抵扣暂时性差异产生直接计入所有者权益的交易或事项，不应确认该暂时性差异相

关的递延所得税资产。 ( )

30. 递延所得税费用(或收益)=当期递延所得税负债的增加+当期递延所得税资产的增加-当期递延所得税负债的减少-当期递延所得税资产的减少。 ( )

四、问答题

1. 什么是收入?收入确认的原则是什么?

2. 收入确认的条件有哪些?

3. 收入确认和计量的步骤有哪些?

4. 收入核算设置的会计科目主要有哪些?

5. 在判断客户是否已取得商品控制权时,企业应当考虑哪些迹象?

6. 什么是商业折扣和现金折扣?

7. 什么是销售折让和销售退回?

8. 对于在某一时点履行的履约义务,应满足哪些条件?

9. 什么是费用?什么是期间费用?

10. 什么是利润?利润如何计算?

11. 什么是资产的计税基础?什么是负债的计税基础?

12. 什么是暂时性差异?暂时性差异可分为哪几类?

13. 什么是营业外收入和营业外支出?

第二部分 业务能力测试

1. 顺达股份有限公司(以下简称顺达公司)系工业企业,为增值税一般纳税人,适用的增值税税率为13%。销售单价除标明为含税价格外,均为不含增值税价格,销售成本逐笔结转。顺达公司2×08年12月发生如下业务:

(1) 12月3日,向甲企业赊销A产品50件,单价为20 000元,单位销售成本为10 000元。

(2) 12月15日,向丁企业销售材料一批,价款为700 000元,该材料发出成本为500 000元。当日收取面值为791 000元的商业承兑汇票一张。

(3) 12月18日,丙企业要求退回本年11月25日购买的20件A产品。该产品销售单价为20 000元,单位销售成本为10 000元,其销售收入400 000元已确认记账,价款尚未收取。经核查,退货原因系发货错误,同意丙企业退货,并办理退货手续和开具红字增值税专用发票。

(4) 12月20日,收到外单位租用本公司办公用房本年度租金600 000元(不含税),适用增值税税率为9%,款项已收存银行。

(5) 12月21日,甲企业来函提出12月3日购买的A产品质量不完全合格,经协商同意按销售价款的10%给予折让,并办理退款手续和开具红字增值税专用发票。

(6) 12月31日,计算本月应缴纳的城市维护建设税7 000元,教育费附加3 000元。

要求:根据上述业务编制相关的会计分录(金额以元为单位;"应交税费"科目须写出二级和三级明细科目,其他科目可不写明细科目)。

2. 甲公司在 2×07 年 12 月 18 日向乙公司销售一批商品，开出的增值税专用发票上注明的销售价款为 50 000 元，增值税税额为 6 500 元。该批商品成本为 26 000 元。为及早收回货款，甲公司和乙公司约定的现金折扣条件为"2/10，1/20，n/30"。乙公司在 2×07 年 12 月 27 日支付货款。2×08 年 4 月 5 日，该批商品因质量问题被乙公司退回，甲公司当日支付有关款项。假定计算现金折扣时不考虑增值税，销售退回不属于资产负债表日后事项。

要求：

(1) 写出甲公司在 2×07 年 12 月 18 日向乙公司销售一批商品的会计分录；

(2) 写出甲公司在 2×07 年 12 月 27 日收取货款的会计分录；

(3) 写出 2×08 年 4 月 5 日，商品退回的会计分录。

3. 甲公司为一家制造企业，商品销售和提供服务均为主营业务且全部符合收入确认条件，销售成本逐笔结转，产品的单位成本为 80 元。2×19 年 12 月该公司发生下列业务：

(1) 1 日，与 A 公司签订一份服务合同，期限为 6 个月，合同总收入 800 000 元(不含增值税)，当日收到 500 000 元存入银行，截至 12 月 31 日已发生成本 100 000 元(全部为银行存款)，预计完成该合同义务还将发生成本 400 000 元。甲公司履约进度按照已发生成本占估计总成本的比例确定，增值税纳税义务确认收入时发生，适用的增值税税率为 9%。

(2) 5 日，向 B 公司销售产品 1 000 件，开具的增值税专用发票上注明的价款为 100 000 元，增值税税额为 13 000 元。商品当日已发出，并且控制权已转移，甲公司上月已预收 B 公司货款 40 000 元，余款于当日收讫并存入银行。

(3) 15 日，采用托收承付方式向 C 公司销售产品 2 000 件，开具的增值税专用发票上注明的价款为 200 000 元，增值税税额为 26 000 元，上述款项尚未收到，无其他收款条件。

(4) 31 日，与 D 公司签订一项设备租赁合同，以短期租赁方式将闲置的一台生产设备出租给 D 公司。当日收取当月租金 20 000 元(不含增值税)，适用增值税税率为 13%，款项已存入银行。该设备原价 320 000 元，预计净残值为 20 000 元，采用年限平均法按 5 年计提折旧。

要求：根据上述资料，编制甲公司相关的会计分录。

4. 甲公司委托丙公司销售商品 200 件，商品已经发出，每件成本为 60 元。合同约定丙公司应按每件 100 元对外销售，甲公司按售价的 10%向丙公司支付手续费。丙公司对外实际销售 100 件，开出的增值税专用发票上注明的销售价款为 10 000 元，增值税税额为 1 300 元，款项已经收到。甲公司收到丙公司开具的代销清单时，向丙公司开具一张相同金额的增值税专用发票，同时收到丙公司开具的收取手续费的专用发票价款 1 000 元，增值税 60 元。假定甲公司发出商品时纳税义务尚未发生，不考虑其他因素。

要求：对以上代销业务分别从甲公司、丙公司的角度进行会计处理。

5. 甲公司的部分商品委托其他单位销售，发生如下业务：

委托 D 企业代销 200 件商品，销售价(不含税)150 元/件，实际成本 95 元/件，D 企业按不含税销售额的 15%收取代销手续费，并向甲公司结清代销款。D 企业已销售 120 件，开具的增值税专用发票上价款 18 000 元，增值税 2 340 元，向甲公司开具代销清单，收到甲公司开具的同样一张增值税专用发票，同时给甲公司开具收取手续费的增值税专用发票(按增值税税率 6%开具)。

要求：编制甲企业有关会计分录。

6. 甲公司为增值税一般纳税人，培训服务适用增值税税率为 6%。2×09 年 12 月 1 日，与乙公司签订了一项为期 6 个月的培训合同，合同不含税总价款为 100 000 元。当日收到总价款的 50%。截至年末，甲公司累计发生培训成本 20 000 元，假定全部为人员薪酬，估计未来还将发生培训成本 30 000 元，履约进度按照已发生的成本占估计总成本的比例确定。增值税纳税义务确认收入时产生。

要求：编写以上业务相关会计分录。

7. 2×09 年 12 月 1 日，甲公司接受乙公司委托为其安装一项大型设备，安装期限为 3 个月，合同约定乙公司应支付安装费总额为 240 000 元(不含增值税)。当日收到乙公司合同预付款 120 000 元，其余款项安装结束、验收合格后一次付清。截至 2×09 年 12 月 31 日，甲公司以银行存款支付安装费取得增值税专用发票，安装费 40 000 元，允许抵扣的增值税 3 600 元，预计至安装完成还将发生安装费用 120 000 元。2×10 年 2 月底，安装完成并验收合格，甲公司以银行存款支付安装费取得增值税专用发票，安装费 110 000 元，增值税 9 900 元，同时收到乙公司支付的尾款及增值税。该公司按已发生的成本占估计总成本的比例确定履约进度，增值税纳税义务确认收入时产生并认证，适用增值税税率 9%，不考虑其他因素。

要求：编制以上业务相关的会计分录。

8. 甲企业自 2×06 年 4 月 1 日起为乙企业开发一项系统软件。合同约定工期为两年，合同总收入为 1 000 000 元，2×06 年 4 月 1 日乙企业支付项目价款 500 000 元，余款于软件开发完成时收取。4 月 1 日，甲企业收到乙企业支付的该项目价款 500 000 元，并存入银行。该项目预计总成本为 400 000 元。其他相关资料如表 12-1 所示。

表 12-1 软件开发进度

时间	收款金额/元	累计实际发生成本/元	开发进度
2×06 年 4 月 1 日	500 000	—	—
2×06 年 12 月 31 日	—	160 000	30%
2×07 年 12 月 31 日	—	340 000	85%
2×08 年 4 月 1 日	—	410 000	100%

该项目于 2×08 年 4 月 1 日完成并交付给乙企业，余款收到并存入银行。甲企业按开发进度确定该项目的完工程度。假定为该项目发生的实际成本均用银行存款支付，增值税纳税业务于收入确认时同步发生，适用增值税税率为 6%。

要求：编制甲企业全部与开发此项目有关的会计分录。

9. 甲公司是一家咨询公司，2×09 年 1 月 1 日，甲公司通过竞标赢得一个新客户，服务期 4 年，每年年末收取服务费 120 000 元(不含税)。为取得该客户的合同，甲公司发生下列支出：聘请外部律师进行尽职调查的支出为 30 000 元，因投标发生的差旅费为 8 000 元，销售人员佣金为 30 000 元，甲公司预期这些支出未来能够收回。此外，甲公司根据其年度销售目标、整体盈利情况及个人业绩等，向销售部门经理支付年度奖金 10 000 元。甲公司适用的增值税税率为 6%。

要求：

(1) 编制支付相关费用的会计分录；

(2) 编制每月确认收入的会计分录；

(3) 编制每月摊销合同取得成本的会计分录。

10. 某企业有一台设备，原值 300 000 元，净残值率为 10%，所得税税率为 25%，折旧年限 5 年；采用直线法提取折旧，税法采用双倍余额递减法提取折旧。该企业 5 年的利润分别为 100 000 元、200 000 元、50 000 元、250 000 元、100 000 元。

要求：

(1) 采用列表的方式计算计税基础与账面价值差异影响的所得税税额，填写表 12-2。

表 12-2　某企业所得税相关资料

年份	第 1 年	第 2 年	第 3 年	第 4 年	第 5 年
实际成本					
累计会计折旧					
账面价值					
累计计税折旧					
计税基础					
(　　　)暂时性差异					
适用税率					
递延所得税(　　)余额					
递延所得税(　　)发生额					
利润总额					
应纳税所得额					
应交所得税					
所得税费用					
净利润					

(2) 编制各年所得税会计分录。

11. 2×08 年 12 月 31 日，某企业购入不需要安装的设备一台，购入成本为 80 000 元，预计使用 5 年，预计净残值为 0。企业采用直线法计提折旧，因符合税法规定的税收优惠政策，税收处理允许采用双倍余额递减法计提折旧。假设税法规定的使用年限及净残值与会计规定相同，年末未对该项设备计提减值准备。该企业适用的所得税税率为 25%。

要求：

(1) 计算 2×09 年年末固定资产账面价值和计税基础；

(2) 计算 2×09 年暂时性差异及其对所得税的影响额；

(3) 编制 2×09 年相关会计分录。

12. 乙公司为高科技企业，2×09 年 12 月 31 日购入价值为 150 万元的管理用设备，预计使用寿命 5 年，不考虑净残值，该企业按年数总和法计提折旧，税法规定采用年限平均法按 5 年计提折旧，适用所得税税率为25%。假定该公司各会计期间均未对固定资产计提减值准备，除该项固定资产产生的会计与税收之间的差异外，不存在其他会计与税收差异。

要求：计算乙公司2×10—2×14年各年暂时性差异和递延所得税资产余额。

表12-3 乙公司2×10—2×14年相关资料

年份	2×10年	2×11年	2×12年	2×13年	2×14年
实际成本					
累计会计折旧					
账面价值					
累计计税折旧					
计税基础					
(　　　)暂时性差异					
适用税率					
递延所得税(　　)余额					
递延所得税(　　)发生额					

13. 长兴公司2×08年12月31日资产负债表项目暂时性差异计算表列示如下：可抵扣暂时性差异增加700 000元，应纳税暂时性差异增加300 000元。该公司适用的所得税税率为25%。假定长兴公司预计会持续盈利，能够获得足够的应纳税所得额，2×08年度税务机关核实的该公司应交所得税为2 725 000元。

要求：

(1) 计算长兴公司2×08年递延所得税资产、递延所得税负债、递延所得税及所得税费用；

(2) 编制有关所得税费用的会计分录。

14. A公司2×07年度利润表中利润总额为3 000万元，该公司适用的所得税税率为25%。递延所得税资产及递延所得税负债不存在期初余额。与所得税核算有关的情况如下。

2×07年发生的有关交易和事项中，会计处理与税收处理存在差别的有：

(1) 2×07年1月开始计提折旧的一项固定资产，成本为1 500万元，使用年限为10年，净残值为0，会计处理按双倍余额递减法计提折旧，税收处理按直线法计提折旧。假定税法规定的使用年限及净残值与会计规定相同。

(2) 向关联企业捐赠现金500万元。假定按照税法规定，企业向关联方的捐赠不允许税前扣除。

(3) 当期取得作为交易性金融资产核算的股票投资成本为800万元，2×07年12月31日的公允价值为1 200万元。税法规定，以公允价值计量的金融资产持有期间市价变动不计入应纳税所得额。

(4) 违反环保法规定应支付罚款250万元。

(5) 期末对持有的存货计提了75万元的存货跌价准备。

要求：

(1) 计算当期应交所得税；

(2) 计算递延所得税;

(3) 计算所得税费用及净利润;

(4) 编写相关会计分录。

15. 某企业 2×08 年度结转前损益类科目的余额如表 12-4 所示。

表 12-4　某企业 2×08 年度结转前损益类科目余额

单位: 万元

会计科目	借方余额	贷方余额
主营业务收入		2 000
其他业务收入		200
投资收益		150
公允价值变动损益		38
营业外收入		110
主营业务成本	1 400	
其他业务成本	120	
税金及附加	50	
销售费用	70	
管理费用	162	
财务费用	20	
资产减值损失	26	
营业外支出	50	
合计	1898	2498

(1) 表 12-4 中，除"所得税"科目外，不存在其他未列损益类科目。

(2) "投资收益"系从联营企业分得的利润，双方所得税税率均为 25%; "公允价值变动损益"系一项交易性金融资产公允价值变动; "资产减值损失"系一项固定资产发生减值。除以上项目外无其他纳税调整事项。

(3) 年初未分配利润贷方余额 100 万元，该企业权力机构决定分别按净利润的 10% 提取法定盈余公积，向投资者分配利润 200 万元。

要求：根据上述资料，计算营业利润、利润总额、应纳税所得额、应交所得税、所得税费用、净利润和期末未分配利润并编制相关的会计分录(所得税按资产负债表债务法核算，金额单位可用万元表示)。

项目十三 财务会计报告编制能力

【学习目标】

通过本项目的学习，学生应掌握财务报告的概念及组成；掌握资产负债表的概念、格式及其编制要求；掌握利润表的概念、格式及其编制要求；掌握现金流量及其分类，掌握现金流量表的概念、格式及其编制要求；掌握所有者权益变动表的概念、格式及其编制要求；掌握会计报表附注应披露的主要内容。

【学习指导】

本项目主要介绍如何编制资产负债表、利润表、现金流量表、所有者权益变动表和会计报表附注。

(1) 财务报告，是指企业对外提供的反映企业某一特定日期的财务状况和某一会计期间的经营成果、现金流量等会计信息的文件。财务报告包括财务报表和其他应当在财务报告中披露的相关信息和资料。财务报表至少应当包括下列组成部分：资产负债表、利润表、现金流量表、所有者权益(或股东权益，下同)变动表、附注。

(2) 资产负债表，是指反映企业在某一特定日期财务状况的会计报表。它反映企业在某一特定日期所拥有或控制的经济资源、所承担的现时义务和所有者对净资产的要求权。在我国，资产负债表采用账户式结构。

(3) 利润表，是指反映企业在一定会计期间的经营成果的会计报表。在我国，企业利润表基本上采用多步式结构。

(4) 现金流量表，是指反映企业在一定会计期间现金和现金等价物流入和流出的报表。现金流量包括经营活动产生的现金流量、投资活动产生的现金流量和筹资活动产生的现金流量三部分。

(5) 编制现金流量表时，列报经营活动现金流量的方法有两种：一是直接法，二是间接法。我国企业会计准则规定企业应当采用直接法编报现金流量表，同时要求在附注中提供以净利润为基础调节经营活动现金流量的信息。

(6) 所有者权益变动表，是指反映构成所有者权益各组成部分当期增减变动情况的报表。

(7) 会计报表附注是对资产负债表、利润表、现金流量表和所有者权益变动表等报表中列示项目的文字描述或明细资料，以及对未能在这些报表中列示项目的说明等。

【重点与难点】

(1) 财务会计报告的概念及构成。

(2) 资产负债表的概念、结构及编制。

(3) 利润的概念、结构及编制。

(4) 现金流量表的概念、结构及编制。

【同步强化练习题】

第一部分　知识能力测试

一、单项选择题

1. 我国会计制度规定现行资产负债表采用的格式为( )。
   A. 报告式　　　　　B. 账户式　　　　　C. 单步式　　　　　D. 多步式

2. 下列资产负债表项目中，可直接根据有关总账余额填列的是( )。
   A. 货币资金　　　　B. 短期借款　　　　C. 存货　　　　　　D. 应收账款

3. "应收账款"科目明细账中若有贷方余额，应计入资产负债表的( )项目。
   A. "应收账款"　　　　　　　　　　B. "预收款项"
   C. "应付账款"　　　　　　　　　　D. "预付款项"

4. "预收账款"科目明细账中若有借方余额，应计入资产负债表的( )项目。
   A. "应收账款"　　　　　　　　　　B. "预收款项"
   C. "应付账款"　　　　　　　　　　D. "预付账款"

5. "预付账款"科目明细账中若有贷方余额，应计入资产负债表的( )项目。
   A. "应收账款"　　　　　　　　　　B. "预收账款"
   C. "应付账款"　　　　　　　　　　D. "其他应付款"

6. 某公司年末结账前"应收账款"科目所属明细科目中有借方余额 60 000 元，贷方余额 20 000 元；"预付账款"科目所属明细科目中有借方余额 13 000 元，贷方余额 5 000 元；"应付账款"科目所属明细科目中有借方余额 50 000 元，贷方余额 120 000 元；"预收账款"科目所属明细科目中有借方余额 3 000 元，贷方余额 10 000 元；"坏账准备"科目余额为 0。则年末资产负债表中"应收账款"项目和"应付账款"项目的期末数分别为( )。
   A. 30 000元和70 000元　　　　　　B. 63 000元和125 000元
   C. 63 000元和53 000元　　　　　　D. 47 000元和115 000元

7. 某企业 2×07 年 12 月 31 日固定资产账户余额为借方 2 000 万元，累计折旧账户余额为贷方 800 万元，固定资产减值准备账户余额为贷方 100 万元，固定资产清理账户余额为借方 50 万元，在建工程账户余额为借方 200 万元。该企业 2×07 年 12 月 31 日资产负债表中固定资产项目的金额为( )万元。

    A. 1 200   B. 1 100   C. 1 150   D. 1 350

8. 某企业 2×07 年发生的营业收入为 1 000 万元，营业成本为 600 万元，销售费用为 20 万元，管理费用为 50 万元，财务费用为 10 万元，投资收益为 40 万元(收益)，资产减值损失为 70 万元(损失)，公允价值变动收益为 80 万元(收益)，营业外收入为 25 万元，营业外支出为 15 万元。该企业 2×07 年的营业利润为( )万元。

    A. 370   B. 330   C. 320   D. 390

9. 某公司 2×07 年营业收入为 600 万元，营业成本为 400 万元，税金及附加为 60 万元，销售费用为 20 万元，管理费用为 10 万元，财务费用为 7 万元，资产减值损失为 2 万元(损失)，投资收益为 4 万元(收益)，公允价值变动收益为 10 万元(收益)，营业外收入为 5 万元，营业外支出为 3 万元，该公司 2×07 年利润总额为( )万元。

    A. 93   B. 97   C. 115   D. 117

10. 支付给在建工程人员工资应属于( )现金流量。

    A. 经营活动   B. 投资活动

    C. 筹资活动   D. 不影响企业

11. 资产负债表中的"未分配利润"项目，应根据( )填列。

    A. "利润分配"科目余额

    B. "本年利润"科目余额

    C. "本年利润"和"利润分配"科目的余额计算后

    D. "盈余公积"科目余额

12. 处置固定资产现金净流量在现金流量表的( )项目反映。

    A. 经营活动   B. 投资活动

    C. 筹资活动   D. 不影响企业

13. 下列各项业务中，引起企业现金净额发生变化的项目是( )。

    A. 将现金存入开户银行   B. 用企业设备清偿债务

    C. 用银行存款支付购货款   D. 用现金购入三个月内到期的债券

14. 支付的各项税费填报的现金流量表项目是( )。

    A. 经营活动现金流量   B. 筹资活动现金流量

    C. 投资活动现金流量   D. 不影响现金变化的业务

15. 现金流量表中，"偿还债务所支付的现金"项目反映企业( )。

    A. 现金偿还债务的本金   B. 现金偿还债券的利息

    C. 现金偿还借款的利息   D. 现金偿还债务的本金和利息

16. 某企业 2×07 年主营业务收入为 1 000 万元,其他业务收入 100 万元,2×07 年应收账款的年初数为 150 万元,期末数为 120 万元,2×07 年发生坏账 10 万元,计提坏账准备 12 万元。根据上述资料,该企业 2×07 年"销售商品收到的现金"为( )万元。

    A. 1 118　　　　　　B. 1 108　　　　　　C. 1 142　　　　　　D. 1 132

17. 某企业"应付账款"科目月末贷方余额 40 000 元,其中:"应付甲公司账款"明细科目贷方余额 35 000 元,"应付乙公司账款"明细科目贷方余额 5 000 元。"预付账款"科目月末贷方余额 30 000 元,其中:"预付 A 工厂账款"明细科目贷方余额 50 000 元,"预付 B 工厂账款"明细科目借方余额 20 000 元。该企业月末资产负债表中"应付账款"项目的金额为( )元。

    A. 90 000　　　　　　B. 30 000　　　　　　C. 40 000　　　　　　D. 70 000

18. 甲公司 2×07 年 3 月 1 日购入某上市公司 22.5 万股股票作为交易性金融资产,每股价格为 6 元。5 月 15 日收到该上市公司分派的现金股利 4.5 万元。2×07 年 6 月 30 日,股票每股价格为 8 元。则 2×07 年 6 月 30 日资产负债表中"交易性金融资产"项目填列金额为( )万元。

    A. 135　　　　　　B. 117　　　　　　C. 130.50　　　　　　D. 180

19. 支付专门借款资本化的利息属于现金流量表的( )项目。

    A. 经营活动的现金流量　　　　　　B. 筹资活动的现金流量

    C. 不影响现金流量　　　　　　D. 投资活动的现金流量

20. 甲公司为增值税一般纳税企业。2×08 年度,甲公司主营业务收入为 1 000 万元,增值税销项税额为 170 万元;应收账款期初余额为 100 万元,期末余额为 150 万元;预收账款期初余额为 50 万元,期末余额为 60 万元。假定不考虑其他因素,甲公司 2×08 年度现金流量表中"销售商品、提供劳务收到的现金"项目的金额为( )万元。

    A. 1 130　　　　　　B. 1 190　　　　　　C. 1 230　　　　　　D. 1 290

21. 工业企业下列各项交易或者事项所产生的现金流量中,不属于现金流量表中"投资活动产生的现金流量"的是( )。

    A. 长期股权投资取得的现金股利　　　　　　B. 为购建固定资产支付的专门借款利息

    C. 购买其他债权投资支付的价款　　　　　　D. 购建固定资产发生的现金流出

22. 甲公司按照账龄分析法计提坏账准备,期初应收账款账面余额 200 万元,坏账准备 10 万元,期末应收账款账面余额 150 万元,坏账准备 23 万元,其中本期发生坏账损失 5 万元,本期收回前期已经作为坏账损失处理的应收账款 8 万元,本期计提坏账准备 10 万元,假设无其他影响项目,则本期上述应收账款和坏账准备影响"销售商品、提供劳务收到的现金"的金额是( )万元。

    A. 50　　　　　　B. 45　　　　　　C. 53　　　　　　D. 63

二、多项选择题

1. 下列资产中,属于流动资产的有( )。

    A. 交易性金融资产　　　　　　B. 一年内到期的非流动资产

    C. 货币资金　　　　　　D. 预付款项

2. 下列账户中，余额在资产负债表"货币资金"项目反映的是(　　)。

    A. 库存现金　　　　　B. 其他货币资金　　　C. 银行存款　　　　　D. 交易性金融资产

3. 下列各项中，应计入资产负债表"应收账款"项目的有(　　)。

    A. "应收账款"科目所属明细科目的借方余额

    B. "应收账款"科目所属明细科目的贷方余额

    C. "预收账款"科目所属明细科目的借方余额

    D. "预收账款"科目所属明细科目的贷方余额

4. 下列账户中，余额在资产负债表"存货"项目反映的是(　　)。

    A. 材料采购　　　　　B. 周转材料　　　　　C. 存货跌价准备　　　D. 生产成本

5. 资产负债表中的应付账款项目应根据(　　)填列。

    A. 应付账款所属明细账贷方余额合计　　　　B. 预付账款所属明细账贷方余额合计

    C. 预付账款所属明细账借方余额合计　　　　D. 应付账款所属明细账借方余额合计

6. 采用间接法将净利润调节为经营活动的现金流量时，下列各调整项目中，属于调增项目的是(　　)。

    A. 存货的减少　　　　　　　　　　　　　　B. 固定资产折旧

    C. 计提的坏账准备　　　　　　　　　　　　D. 经营性应付项目的减少

7. 根据现行会计制度的规定，下列各项中，属于企业经营活动产生的现金流量的有(　　)。

    A. 出租周转材料收取的押金　　　　　　　　B. 收到长期股权投资的现金股利

    C. 转让无形资产所有权取得的收入　　　　　D. 出租无形资产使用权取得的收入

8. 下列交易或事项产生的现金流量中，属于投资活动产生的现金流量的有(　　)。

    A. 为购建固定资产支付的税费

    B. 为购建固定资产支付的已资本化的利息费用

    C. 为购建固定资产支付的职工薪酬

    D. 因生产经营租入固定资产所支付的租金

9. 甲公司当期发生的交易或事项中，会引起现金流量表中筹资活动产生的现金流量发生增减变动的有(　　)。

    A. 发行债券收到的现金　　　　　　　　　　B. 发行股票收到的现金

    C. 收到的债券利息　　　　　　　　　　　　D. 支付的债券利息

10. 将净利润调节为经营活动产生的现金流量时，下列各调整项目中，属于调减项目的有(　　)。

    A. 投资收益　　　　　　　　　　　　　　　B. 财务费用

    C. 公允价值变动收益　　　　　　　　　　　D. 固定资产报废损失

11. 下列交易和事项中，不影响当期经营活动产生的现金流量的有(　　)。

    A. 用库存商品偿还债务　　　　　　　　　　B. 支付管理人员工资

    C. 收到被投资单位现金股利　　　　　　　　D. 支付各项税费

12. 现金流量表中，"支付给职工以及为职工支付的现金"项目应反映的内容有(　　)。

    A. 企业为离退休人员支付的统筹退休金　　　B. 企业为生产人员支付的薪酬

    C. 企业为在建工程人员支付的薪酬　　　　　D. 企业为行政管理人员支付的薪酬

13. 下列交易或事项产生的现金流量中，属于投资活动产生的现金流量的有(　　)。

A. 为购建固定资产支付的购买价款80万元

B. 转让一项专利权，取得价款200万元

C. 购入交易性金融资产支付50万元

D. 购入公司债券支付100万元，划分为持有至到期投资

14. 下列各项中，属于筹资活动产生的现金流量项目的是(　　)。

A. 取得借款收到现金 　　　　　　　B. 偿还债务支付现金

C. 偿还利息支付现金 　　　　　　　D. 分配股利支付现金

15. 下列各项中，属于利润表填列内容的为(　　)。

A. 税金及附加 　　　　　　　　　　B. 所得税费用

C. 公允价值变动收益 　　　　　　　D. 利润总额

三、判断题

1. 资产负债表中填报的各项目应分别根据相应账户的期末余额抄列。　　　(　　)

2. 资产负债表中的"货币资金"项目反映企业现金和银行存款期末余额合计数。　(　　)

3. 企业必须对外提供资产负债表、利润表和现金流量表，会计报表附注可以不对外提供。

(　　)

4. 资产负债表是反映企业一定会计期间财务状况、经营活动情况和现金流量的报表。

(　　)

5. 资产负债表中的资产类应分为流动资产和非流动资产项目列示，非流动资产在前，流动资产在后。　　　　　　　　　　　　　　　　　　　　　　　　　　　　　(　　)

6. 投资收益不影响营业利润。　　　　　　　　　　　　　　　　　　　(　　)

7. 现金流量表只能反映企业与现金有关的经营活动、投资活动和筹资活动。　(　　)

8. 利润表是反映企业一定会计期间经营成果的会计报表。　　　　　　　(　　)

9. 利润表中的营业利润根据营业收入和营业成本两个账户的发生额分析填列。　(　　)

10. 现金流量表补充资料中的固定资产折旧项目反映的是企业本期计提的计入损益的折旧费。　　　　　　　　　　　　　　　　　　　　　　　　　　　　　　(　　)

11. 企业购入3个月内到期的国债，会减少企业投资活动产生的现金流量。　(　　)

四、问答题

1. 什么是财务报告？财务报告编制的基本要求有哪些？

2. 什么是资产负债表？

3. 什么是利润表？

4. 什么是现金流量表？现金流量可分为哪三类？

5. 什么是所有者权益变动表？

6. 简述会计报表附注披露的主要内容。

第二部分　业务能力测试

1. 某公司 2×07 年年末部分账户余额如表 13-1 所示。

表 13-1　某公司 2×07 年年末部分账户余额

单位：元

账户	期末余额	账户	期末余额
库存现金	3 600	库存商品	50 000
银行存款	900 000	材料采购	6 000
其他货币资金	100 000	发出商品	6 300
应收账款（总账）	9 000	生产成本	30 000
——A 公司(借方余额)	8 000	委托代销商品	500
——B 公司(借方余额)	2 000	材料成本差异(贷方余额)	5 000
——C 公司(贷方余额)	1 000	应付账款(总账)	2 000
预付账款(总账)	40 000	——丙公司(贷方余额)	7 000
——甲公司(借方余额)	60 000	——丁公司(借方余额)	5 000
——乙公司(贷方余额)	20 000	预收账款(总账)	6 000
坏账准备(贷方余额)	800	——D 公司(贷方余额)	7 000
——应收账款	800	——E 公司(借方余额)	4 000
原材料	180 000	——F 公司(贷方余额)	3 000
委托加工物资	50 000	应交税费(借方余额)	340
周转材料	1 000	利润分配(借方余额)	400

要求：根据上述资料填列资产负债表有关项目的金额，如表 13-2 所示。

表 13-2　资产负债表有关项目

资产负债表项目	计算过程
货币资金	
应收账款	
预收款项	
应付账款	
预付款项	
存货	
一年内到期的非流动资产	
债权投资	
应交税费	
一年内到期的非流动负债	
长期借款	
未分配利润	

2. 甲企业和乙企业均为增值税一般纳税工业企业，其有关资料如下：

(1) 甲企业销售的产品、材料均为应纳增值税货物，增值税税率13%，产品、材料销售价格中均不含增值税。

(2) 甲企业材料和产品均按实际成本核算，其销售成本随着销售同时结转。

(3) 乙企业为甲企业的联营企业，甲企业对乙企业的投资占乙企业有表决权资本的25%，甲企业对乙企业的投资按权益法核算。

(4) 甲企业2×08年1月1日有关科目余额如表13-3所示。

表 13-3　甲企业有关科目余额

账户	期末余额	账户	期末余额
库存现金	500	短期借款	300 000
银行存款	400 000	应付票据	50 000
应收票据	30 000	应付账款	180 000
应收账款	200 000	应付职工薪酬	5 000
坏账准备	−1 000	应交税费	12 000
其他应收款	200	长期借款	1 260 000
原材料	350 000	实收资本	2 000 000
周转材料	30 000	盈余公积	120 000
库存商品	80 000	利润分配(未分配利润)	7 700
长期股权投资——乙企业	600 000		
固定资产	2 800 000		
累计折旧	−560 000		
无形资产	5 000		
合　　计	3 934 700	合　　计	3 934 700

(5) 甲企业2×08年度发生如下经济业务：

① 购入原材料一批，增值税专用发票上注明原材料价格300 000元，增值税税额为39 000元。材料已经到达，并验收入库。企业开出商业承兑汇票。

② 销售给乙企业一批产品，销售价格40 000元，产品成本32 000元。产品已经发出，开出增值税专用发票，款项尚未收到(除增值税以外，不考虑其他税费)。

③ 对外销售一批原材料，销售价格26 000元，材料实际成本18 000元。销售材料已经发出，开出增值税专用发票。款项已经收到，并存入银行(除增值税以外，不考虑其他税费)。

④ 出售一台不需要用的设备给乙企业，设备账面原价150 000元，已提折旧24 000元，不含税出售价格180 000元，增值税税额23 400元。出售设备价税款已经收到，并存入银行。

⑤ 按应收账款年末余额的5‰计提坏账准备。

⑥ 用银行存款偿还到期应付票据20 000元，缴纳所得税2 300元。

⑦ 乙企业本年实现净利润280 000元，甲企业按投资比例确认其投资收益70 000元。

⑧ 摊销管理用无形资产价值1 000元；计提管理用固定资产折旧8 766元。

⑨ 本年度所得税费用和应交所得税为 42 900 元，实现净利润 87 100 元；按 10%计提法定盈余公积。

要求：

(1) 编制甲企业的有关经济业务会计分录(各损益类科目结转本年利润以及与利润分配有关的会计分录除外。除"应交税费"科目外，其余科目可不写明细科目)。

(2) 填列甲企业 2×08 年 12 月 31 日资产负债表(见表 13-4)的年末数。

表 13-4　资产负债表

编制单位：甲企业　　　　　　　　　2×08 年 12 月 31 日　　　　　　　　　单位：元

账户	期末余额	账户	期末余额
流动资产：		流动负债：	
货币资金		短期借款	
应收票据		应付票据	
应收账款		应付账款	
其他应收款		应付职工薪酬	
存货		应交税费	
流动资产合计		流动负债合计	
非流动资产：		非流动负债：	
长期股权投资		长期借款	
固定资产		非流动负债合计	
无形资产		负债合计	
非流动资产合计		所有者权益：	
		实收资本	
		盈余公积	
		未分配利润	
		所有者权益合计	
资产总计		负债及所有者权益总计	

3. 甲股份公司(以下简称甲公司)为增值税一般纳税企业，适用的增值税税率为 13%，产品销售价款中均不含增值税。甲公司适用的所得税税率为 25%。产品销售成本按经济业务逐项结转。

2×07 年 12 月，甲公司发生如下经济业务事项：

(1) 销售 A 产品一批，产品销售价款为 800 000 元，产品销售成本为 350 000 元。产品已经发出，并开具了增值税专用发票，同时向银行办妥了托收手续。

(2) 收到乙公司因产品质量问题退回的 B 产品一批，并验收入库。甲公司用银行存款支付了退货款，并按规定向乙公司开具了红字增值税专用发票。

该退货系甲公司 2×07 年 11 月 20 日以提供现金折扣方式(折扣条件为"2/10, 1/20, n/30"，折扣仅限于销售价款部分)出售给乙公司的，产品不含税销售价款为 40 000 元，产品销售成本为

22 000 元。销售款项于 11 月 29 日收到并存入银行(该项退货不属于资产负债表日后事项)。

(3) 委托丙公司代销 C 产品一批,并将该批产品交付丙公司。代销合同规定甲公司按售价的 10%向丙公司支付手续费,该批产品的销售价款为 120 000 元,产品销售成本为 66 000 元。

(4) 甲公司收到了丙公司的代销清单。丙公司已将代销的 C 产品全部售出,款项尚未支付给甲公司。甲公司在收到代销清单时向丙公司开具了增值税专用发票,并按合同规定确认应向丙公司支付的代销手续费(不考虑增值税)。

(5) 用银行存款支付发生的管理费用 67 800 元,计提坏账准备 4 000 元。

(6) 销售产品应交的城市维护建设税为 2 100 元,应交的教育费附加为 900 元。

(7) 计算应交所得税(假定甲公司不存在纳税调整因素)。

(8) 结转本年利润(甲公司年末一次性结转损益类科目)。

要求:

(1) 根据上述业务,编制甲公司 2×07 年 12 月经济业务事项的会计分录("应交税费"科目要求写出明细科目)。

(2) 计算甲公司 2×07 年 12 月的营业收入、营业成本、营业利润和净利润(要求列出计算过程)。

4. 新兴股份有限公司系增值税一般纳税人,所得税核算采用资产负债表债务法,所得税税率为 25%,增值税税率为 13%。库存材料采用计划成本核算,材料成本差异率为 1%,该公司 2×06 年年末未分配利润为 670 万元。该公司 2×07 年度内发生如下有关经济业务:

(1) 销售产品一批,增值税专用发票上注明的价款为 200 万元,增值税为 26 万元,销售成本为 120 万元,款项尚未收到。

(2) 收到赔付款 6 万元,存入银行。

(3) 结转出售固定资产清理净损失 6.8 万元。

(4) 以银行存款支付违反税收规定的罚款 3 万元,非公益性捐赠支出 5 万元。

(5) 以银行存款支付广告费 7 万元。

(6) 销售材料一批,该批材料计划成本为 7 万元,销售价格为 10 万元,增值税 1.3 万元,款项已经收到并存入银行。

(7) 计提本期应负担的城市维护建设税 0.7 万元。

(8) 计提本年销售应负担的教育费附加 0.3 万元。

(9) 计提短期借款利息 5 万元。

(10) 新兴股份有限公司拥有 A 企业的 10%股权,A 企业本年度宣告现金股利 66 万元(假设分回的利润均是投资后产生的),款项已存入银行。该被投资企业适用的所得税税率为 25%。

(11) 计提管理部门使用的固定资产年折旧,该固定资产系 2×06 年 12 月购入并投入使用,其原价为 50.5 万元,折旧年限为 4 年,假使预计净残值为 0.5 万元,采用年限平均法计提折旧。

(12) 公司本年度发生其他管理费用 3 万元,已用银行存款支付。

(13) 计算本年所得税费用和应交所得税(本题目除违反税收规定罚款、非公益性捐赠、享有的 A 企业现金股利外,不考虑其他纳税调整事项)。

要求:

(1) 编制 2×07 年度有关经济业务的会计分录。

(2) 编制 2×07 年度利润表(见表 13-5)。

表 13-5　利润表

编制单位：新兴股份公司　　　　　　　　2×07 年度　　　　　　　　单位：元

项目	本期金额	上期金额(略)
一、营业收入		
减：营业成本		
税金及附加		
销售费用		
管理费用		
研发费用		
财务费用		
其中：利息费用		
利息收入		
信用减值损失		
资产减值损失		
加：其他收益		
投资收益(损失以"-"号填列)		
其中：对联营企业和合营企业的投资收益		
公允价值变动收益(损失以"-"号填列)		
资产处置收益(损失以"-"号填列)		
二、营业利润(亏损以"-"号填列)		
加：营业外收入		
减：营业外支出		
三、利润总额(亏损总额以"-"号填列)		
减：所得税费用		
四、净利润(净亏损以"-"号填列)		
(一) 持续经营净利润(净亏损以"-"号填列)		
(二) 终止经营净利润(净亏损以"-"号填列)		
五、其他综合收益的税后净额		
(一) 不能重分类进损益的其他综合收益		
(二) 将重分类进损益的其他综合收益		
六、综合收益总额		
七、每股收益：		
(一) 基本每股收益		
(二) 稀释每股收益		

5. 某企业为增值税一般纳税企业，适用的增值税税率为 13%。2×07 年有关资料如下：

(1) 资产负债表有关项目年初、年末余额和部分账户发生额如表 13-6 所示。

表 13-6　资产负债表有关项目发生额

单位：万元

账户名称	年初余额	本年增加	本年减少	年末余额
应收账款	3 000			2 800
应收票据	600			650
长期股权投资	200		50(出售)	250
存货	2 500			2 200
应付账款	900			800
应交税费：				
应交增值税	100	527(销项税额)	207(已交)	120
应交所得税	30	100	300(进项税额)	40
短期借款	500	400		700

(2) 利润表有关账户本年发生额如表 13-7 所示。

表 13-7　利润表有关账户本年发生额

单位：万元

账户名称	借方发生额	贷方发生额
营业收入		3 000
营业成本	1 700	
投资收益：		
出售长期股权投资		20

(3) 其他有关资料如下：取得长期股权投资已支付现金，出售长期股权投资已收到现金；应收、应付款项均以现金结算；应收账款变动数中含有本期计提的坏账准备 5 万元。存货本期减少额中含有工程项目领用本企业商品 80 万元。不考虑该企业本年度发生的其他交易和事项。

要求计算以下现金流入和流出(列出计算过程)：

(1) 销售商品、提供劳务收到的现金(含收到的增值税销项税额)；

(2) 购买商品、接受劳务支付的现金(含支付的增值税进项税额)；

(3) 支付的各项税费；

(4) 收回投资所收到的现金；

(5) 取得借款所收到的现金；

(6) 偿还债务所支付的现金；

(7) 投资所支付的现金。

6. 甲公司为增值税一般纳税人，适用增值税税率为 13%，商品、原材料售价中不含增值税。假定销售商品、原材料和提供劳务均符合收入确认条件，其成本在确认收入时逐笔结转，不考虑其他因素。2×07 年 4 月，甲公司发生如下交易或事项：

(1) 销售商品一批，按商品标价计算的金额为 200 万元，由于是成批销售，甲公司给予客户 10%的商业折扣并开具了增值税专用发票，款项尚未收回。该批商品实际成本为 150 万元。

(2) 向本公司行政管理人员发放自产产品作为福利，该批产品的实际成本为 8 万元，市场售价为 10 万元。

(3) 向乙公司转让一项软件的使用权，不再提供后续服务，一次性收取使用费 20 万元(不含税)，适用增值税税率 6%，价税款收到并存入银行。

(4) 销售一批原材料，增值税专用发票注明售价 80 万元，款项收到并存入银行。该批材料的实际成本为 59 万元。

(5) 确认本月设备安装劳务收入。该设备安装劳务合同总收入为 100 万元，预计合同总成本为 70 万元，合同价款在前期签订合同时已收取。按照合同履约进度确认劳务收入。截至本月末，经专业测量合同履约进度为 60%，前期已累计确认劳务收入 50 万元、劳务成本 35 万元。纳税义务于确认收入时发生，适用增值税税率为 9%。

(6) 以银行存款支付管理费用 20 万元，财务费用 10 万元，营业外支出 5 万元。

要求：

(1) 逐笔编制甲公司上述交易或事项的会计分录("应交税费"科目要写出明细科目及专栏名称)。

(2) 计算甲公司 4 月的营业收入、营业成本、营业利润、利润总额(答案中的金额单位用万元表示)。

7. 甲有限责任公司(简称甲公司)为增值税一般纳税人，适用的增值税税率为 13%，原材料等存货按实际成本进行日常核算。2×07 年 1 月 1 日有关账户余额如表 13-8 所示。

表 13-8 甲公司有关账户余额

金额单位：万元

科目名称	借方金额	贷方金额
银行存款	450	
应收票据	32	
应收账款	300	
原材料	350	
库存商品	300	
周转材料——低值易耗品	100	
生产成本——A 产品	110	
长期股权投资——丁公司	550	
坏账准备		30
存货跌价准备		76
长期股权投资减值准备		0

2×07 年甲公司发生的交易或事项如下：

(1) 收到已作为坏账核销的应收乙公司账款 50 万元并存入银行。

(2) 收到丙公司作为资本投入的原材料并验收入库。投资合同约定该批原材料价值 840 万元(不含允许抵扣的增值税进项税额 109.2 万元)，丙公司已开具增值税专用发票。假设合同约定的价值与公允价值相等，未发生资本溢价。

(3) 行政管理部门领用低值易耗品一批，实际成本 2 万元，采用一次转销法进行摊销。

(4) 因某公司破产，应收该公司账款 80 万元不能收回，经批准确认为坏账并予以核销。

(5) 因自然灾害毁损原材料一批，其实际成本 100 万元，应负担的增值税进项税额 13 万元。该毁损材料未计提存货跌价准备，尚未经有关部门批准处理。

(6) 甲公司采用权益法核算对丁公司的长期股权投资，其投资占丁公司有表决权股份的 20%。丁公司 2×07 年度实现净利润 1 500 万元，甲公司确认实现的投资收益。

(7) 丁公司宣告分派 2×06 年度现金股利 1 000 万元。

(8) 收到丁公司发放的 2×06 年度现金股利并存入银行。

(9) 将持有的面值为 32 万元的未到期、不带息银行承兑汇票不附追索权背书转让，取得一批材料并验收入库，增值税专用发票上注明的价款为 30 万元，增值税进项税额为 3.9 万元。其余款项以银行存款支付。

(10) 年末，甲公司经减值测试，确认对丁公司的长期股权投资可收回金额为 560 万元；存货的可变现净值为 1 800 万元；决定按年末应收账款余额的 10%计提坏账准备。

假定除上述资料外，不考虑其他因素。

要求：

(1) 编制甲公司上述(1)～(9)项交易或事项的会计分录。

(2) 计提甲公司长期股权投资减值准备并编制会计分录。

(3) 计算甲公司存货应计提或转回的存货跌价准备并编制会计分录。

(4) 计算甲公司应收账款应计提或转回的坏账准备并编制会计分录。

(5) 计算甲公司 2×07 年年末资产负债表中货币资金、存货、应收账款、长期股权投资项目的期末数("应交税费"科目要求写出明细科目及专栏名称，答案中的金额单位用万元表示)。

8. W 股份有限公司 2×08 年有关资料如下：

(1) 1 月 1 日部分总账及其所属明细账余额如表 13-9 所示。

表 13-9 W 公司部分总账及其所属明细账余额

单位：万元

总账	明细账	借或贷	余额
应收账款	A 公司	借	600
坏账准备		贷	30
长期股权投资	B 公司	借	2 500
固定资产	厂房	借	3 000
累计折旧		贷	900
固定资产减值准备		贷	200
应付账款	C 公司	借	150
	D 公司	贷	1 050
长期借款	甲银行	贷	300

注：① 该公司未单独设置"预付账款"会计科目。

② 表中长期借款为 2×07 年 10 月 1 日从银行借入，借款期限 2 年，年利率 5%，每年付息一次。

(2) 2×08 年 W 股份有限公司发生如下业务：

① 3 月 10 日，收回上年已作为坏账转销的应收 A 公司账款 70 万元并存入银行。

② 4 月 15 日，收到 C 公司发来的材料一批并验收入库，增值税专用发票注明货款 100 万元，增值税 13 万元，其款项上年已预付。

③ 1—4 月，该厂房已计提折旧 100 万元。

④ 4 月 20 日，对厂房进行更新改造，发生后续支出总计 500 万元。该厂房于 12 月 30 日达到预定可使用状态，其后续支出符合资本化条件。

⑤ 6 月 30 日，从乙银行借款 200 万元，期限 3 年，年利率 6%，每半年付息一次。

⑥ 10 月份以票据结算的经济业务有(不考虑增值税)：持银行汇票购进材料 500 万元；持银行本票购进库存商品 300 万元；签发 6 个月的商业汇票购进材料 800 万元。

⑦ 12 月 31 日，经计算本月应付职工工资 200 万元，应计提社会保险费 50 万元。

⑧ 12 月 31 日，经减值测试，应收 A 公司账款预计未来现金流量现值为 400 万元。

⑨ W 股份有限公司对 B 公司的长期股权投资采用权益法核算，其投资占 B 公司的表决权股份的 30%。2×08 年 B 公司实现净利润 9 000 万元。长期股权投资在资产负债表日不存在减值迹象。

除上述资料外，不考虑其他因素。

要求：计算 W 股份有限公司 2×08 年 12 月 31 日资产负债表应收账款、预付款项、长期股权投资、固定资产、应付票据、应付账款、应付职工薪酬、长期借款项目的年末余额(答案中的金额单位用万元表示)。

9. 甲公司为增值税一般纳税人，适用的增值税税率是 13%，所得税税率是 25%，年末一次确认全年所得税费用。商品、材料销售均不含增值税，商品、材料销售成本随销售收入的确认逐笔结转，本年利润采用表结法核算。有关资料如下。

资料 1：2×09 年 1—11 月甲公司损益类科目累计发生额如表 13-10 所示。

表 13-10　甲公司损益类科目累计发生额

单位：万元

科目名称	借方发生额	贷方发生额	科目名称	借方发生额	贷方发生额
主营业务收入		1 650	销售费用	42	
主营业务成本	1 320		管理费用	38	
其他业务收入		160	财务费用	19	
其他业务成本	85		营业外收入		90
税金及附加	26		营业外支出	78	

资料 2：2×09 年 12 月份甲公司发生如下交易或事项：

(1) 12 月 5 日，向乙公司销售商品一批，开出的增值税专用发票上注明的价款为 60 万元，增值税税额为 7.8 万元，销售商品实际成本为 45 万元。提货单和增值税专用发票已交购货方，并收到购货方开出的商业承兑汇票。

(2) 12 月 10 日，向丙公司销售 A 材料一批。该批处理的销售价格为 5 万元，增值税税额为

0.65 万元, 销售材料实际成本为 4 万元。A 材料已发出, 销售款项存入银行。

(3) 12 月 18 日, 结转出售固定资产净收益 8 万元。

(4) 12 月 31 日, 计提公司管理部门固定资产折旧 5 万元, 摊销公司管理部门用无形资产成本 8 万元。

(5) 12 月 31 日, 确认本月应交的城市维护建设税 2 万元, 教育费附加 1 万元。

(6) 12 月 31 日, 确认本年所得税费用 75 万元(不存在纳税调整事项)。

假定除上述资料外, 不考虑其他相关因素。

要求:

(1) 根据(1)~(6)项业务, 编制甲公司相应的会计分录。

(2) 根据资料 1、资料 2 所编制的会计分录填写甲公司 2×09 年度利润表(见表 13-11)。

表 13-11 利润表

编制单位: 甲公司　　　　　　　　　　2×09 年度　　　　　　　　　　单位: 万元

项目	本期金额	上期金额(略)
一、营业收入		
减: 营业成本		
税金及附加		
销售费用		
管理费用		
研发费用		
财务费用		
其中: 利息费用		
利息收入		
信用减值损失		
资产减值损失		
加: 其他收益		
投资收益(损失以 "−" 号填列)		
其中: 对联营企业和合营企业的投资收益		
公允价值变动收益(损失以 "−" 号填列)		
资产处置收益(损失以 "−" 号填列)		
二、营业利润(亏损以 "−" 号填列)		
加: 营业外收入		
减: 营业外支出		
三、利润总额(亏损总额以 "−" 号填列)		
减: 所得税费用		
四、净利润(净亏损以 "−" 号填列)		
(一) 持续经营净利润(净亏损以 "−" 号填列)		
(二) 终止经营净利润(净亏损以 "−" 号填列)		

(续表)

项目	本期金额	上期金额(略)
五、其他综合收益的税后净额		
(一) 不能重分类进损益的其他综合收益		
(二) 将重分类进损益的其他综合收益		
六、综合收益总额		
七、每股收益:		
(一) 基本每股收益		
(二) 稀释每股收益		

项目十四　特殊会计业务处理能力

【学习目标】

通过本项目的学习，学生应掌握投资性房地产确认和初始计量、后续计量、投资性房地产的转换和投资性房地产的处置的有关规定；掌握非货币性资产的概念，掌握非货币性资产交换的确认和计量，掌握以公允价值计量和以账面价值计量进行会计处理的有关规定；掌握债务重组的概念及方式，掌握债务重组会计处理的有关规定；掌握或有事项的概念，掌握或有事项会计处理有关规定；掌握资产负债表日后事项的概念，掌握资产负债表日后事项会计处理有关规定。

【学习指导】

本项目主要介绍投资性房地产核算、非货币性资产交换核算、债务重组核算、或有事项核算、资产负债表日后事项核算等。

(1) 投资性房地产是指为赚取租金或资本增值，或者两者兼有而持有的房地产。投资性房地产包括：已出租的土地使用权、持有并准备增值后转让的土地使用权、已出租的建筑物。

(2) 采用成本模式计量时，外购的土地使用权和建筑物按照取得时的实际成本进行初始计量。投资性房地产的后续计量有成本模式和公允价值模式，通常应当采用成本模式。企业有确凿证据表明房地产用途发生改变，满足有关条件时，应当将投资性房地产转换为其他资产或者将其他资产转换为投资性房地产。当投资性房地产被处置，或者永久退出使用且预计不能从其处置中取得经济利益时，应当终止确认该项投资性房地产。

(3) 非货币性资产交换是指交易双方主要以存货、固定资产、无形资产和长期股权投资等非货币性资产进行的交换。该交换不涉及或只涉及少量的货币性资产(即补价)。非货币性资产交换同时满足下列两个条件的，应当以公允价值和应支付的相关税费作为换入资产的成本，公允价值与换出资产账面价值的差额计入当期损益：①该项交换具有商业实质；②换入资产或换出资产的公允价值能够可靠地计量。

(4) 债务重组是指在债务人发生财务困难的情况下，债权人按照其与债务人达成的协议或法院的裁定做出让步的事项。债务重组主要有以下几种方式：以资产清偿债务、债务转为资本、修改其他债务条件，以及以上三种方式的组合等。

(5) 或有事项是指过去的交易或者事项形成的，其结果须由某些未来事项的发生或不发生才能决定的不确定事项。常见的或有事项包括未决诉讼或未决仲裁、债务担保、产品质量保证(含产品安全保证)、亏损合同、重组义务、承诺、环境污染整治等。当与或有事项有关的义务符合确认为负债的条件时应当将其确认为预计负债，预计负债应当按照履行相关现时义务所需支出的最佳估计数进行初始计量。

(6) 资产负债表日后事项是指资产负债表日至财务报告批准报出日之间发生的有利或不利事项。资产负债表日后事项涵盖的期间是自资产负债表日次日起至财务报告批准报出日止的一段时间。资产负债表日后事项包括资产负债表日后调整事项和资产负债表日后非调整事项。企业发生的资产负债表日后调整事项，应当采用追溯调整法调整资产负债表日的财务报表。资产负债表日后发生的非调整事项，不应当调整资产负债表日的财务报表，对财务报告使用者具有重大影响的，应在附注中加以披露。

【重点与难点】

(1) 投资性房地产的核算。

(2) 非货币性资产交换的会计处理。

(3) 债务重组的会计处理。

(4) 或有事项的会计处理。

(5) 资产负债表日后事项的会计处理。

【同步强化练习题】

第一部分　知识能力测试

一、单项选择题

1. 企业外购、自行建造等取得的投资性房地产，应按投资性房地产准则确定的成本，借记(　　)科目，贷记"银行存款""在建工程"等科目。

　　A. 投资性房地产　　B. 固定资产　　　　C. 在建工程　　　　D. 无形资产

2. 若企业采用成本模式对投资性房地产进行后续计量，下列说法中正确的是(　　)。

　　A. 企业应对已出租的建筑物计提折旧

　　B. 企业不应对已出租的建筑物计提折旧

　　C. 企业不应对已出租的土地使用权进行摊销

　　D. 企业不应对投资性房地产计提减值准备

3. 关于投资性房地产的转换，在成本模式下，下列说法中正确的是(　　)。

　　A. 应当将房地产转换前的账面价值作为转换后的入账价值

　　B. 应当将房地产转换日的公允价值作为转换后的入账价值

  C. 自用房地产转为投资性房地产时,应当将房地产转换日的公允价值作为转换后的入账价值

  D. 投资性房地产转为自用房地产时,应当将房地产转换日的公允价值作为转换后的入账价值

4. 关于投资性房地产的计量模式,下列说法中不正确的是(　　)。

  A. 采用公允价值模式计量的,不对投资性房地产计提折旧或进行摊销

  B. 企业对投资性房地产的计量模式一经确定,不得随意变更

  C. 已采用公允价值模式计量的投资性房地产,不得从公允价值模式转为成本模式

  D. 已采用成本模式计量的投资性房地产,不得从成本模式转为公允价值模式

5. 关于对投资性房地产进行后续计量,下列说法中正确的是(　　)。

  A. 企业通常应当采用公允价值模式对投资性房地产进行后续计量,也可采用成本模式对投资性房地产进行后续计量

  B. 企业通常应当采用成本模式对投资性房地产进行后续计量,也可采用公允价值模式对投资性房地产进行后续计量

  C. 同一企业对不同的投资性房地产可以采用不同的计量模式

  D. 企业只能采用成本价值模式对投资性房地产进行后续计量

6. 某企业采用成本模式对投资性房地产进行后续计量,2×10 年 9 月 20 日达到预定可使用状态的自行建造的办公楼对外出租,该办公楼建造成本为 2 600 万元,预计使用年限为 25 年,预计净残值为 100 万元。在采用年限平均法计提折旧的情况下,2×10 年该办公楼应计提的折旧额为(　　)万元。

  A. 0　　　　　　　　B. 25　　　　　　　　C. 100　　　　　　　　D. 50

7. 下列资产中,不属于货币性资产的是(　　)。

  A. 现金　　　　　　　　　　　　　B. 应收账款

  C. 准备持有至到期的债券投资　　　　D. 预付账款

8. 属于非货币性资产交换的是(　　)。

  A. 以账面价值为420万元、准备持有至到期的债券投资换入甲公司公允价值为390万元的一台设备,并收到补价30万元

  B. 以公允价值为360万元的固定资产换入乙公司账面价值为400万元的无形资产,并支付补价40万元

  C. 以公允价值为320万元的长期股权投资换入丁公司账面价值为460万元的短期股票投资,并支付补价140万元

  D. 以账面价值为280万元的固定资产换入丙公司公允价值为200万元的一项专利权,并收到补价80万元

9. 天海公司以一台甲设备换入蓝山公司的一台乙设备。甲设备的账面原价为 600 万元,已提折旧 30 万元,已提减值准备 30 万元,其公允价值为 600 万元。天海公司另向蓝山公司支付补价 50 万元。天海公司支付清理费用 2 万元。假定天海公司和蓝山公司的商品交换不具有商业实质。天海公司换入的乙设备的入账价值为(　　)万元。

  A. 597　　　　　　　　B. 590　　　　　　　　C. 592　　　　　　　　D. 652

10. A 公司以一台甲设备换入 D 公司的一台乙设备。甲设备的账面原价为 22 万元，已提折旧 3 万元，已提减值准备 3 万元，甲设备的公允价值 26 万元，换入的乙设备的公允价值为 24 万元。D 公司另向 A 公司支付补价 2 万元。两公司资产交换具有商业实质，A 公司换入乙设备入账金额为( )万元。

    A. 22   B. 26   C. 28   D. 24

11. 企业以低于应付债务账面价值的现金清偿债务的，支付的现金低于应付债务账面价值的差额，应当计入( )。

    A. 盈余公积   B. 资本公积   C. 营业外收入   D. 其他业务收入

12. 2×07 年 3 月 31 日，甲公司应付某金融机构一笔贷款 100 万元到期，因发生财务困难，短期内无法支付。当日，甲公司与金融机构签订债务重组协议，约定减免甲公司债务的 20%，其余部分延期两年支付，年利率为 5%(相当于实际利率)，利息按年支付。金融机构已为该项贷款计提了 10 万元坏账准备。假定不考虑其他因素，甲公司在该项债务重组业务中确认的债务重组利得为( )万元。

    A. 10   B. 12   C. 16   D. 20

13. 2×08 年 2 月 10 日，深广公司销售一批材料给红星公司，同时收到红星公司签发并承兑的一张面值 100 000 元、年利率 7%、6 个月期、到期还本付息的票据。当年 8 月 10 日，红星公司发生财务困难，无法兑现票据，经双方协议，深广公司同意红星公司用一台设备抵偿该应收票据。这台设备的历史成本为 120 000 元，累计折旧为 30 000 元，清理费用等 1 000 元，计提的减值准备为 9000 元，公允价值为 90 000 元。深广公司未对债权计提坏账准备。假定不考虑其他相关税费。红星公司应确认的债务重组利得和资产转让损益分别为( )。

    A. 12 500元和8 000元   B. 8 000元和10 000元

    C. 9 000元和8 000元   D. 13 500元和8 000元

14. 2×08 年 1 月 1 日，深广公司销售一批材料给红星公司，含税价为 130 000 元。2×08 年 7 月 1 日，红星公司发生财务困难，无法按合同规定偿还债务，经双方协议，深广公司同意红星公司用产品抵偿该应收账款。该产品市价为 100 000 元，增值税税率为 13%，产品成本为 90 000 元。红星公司为转让的材料计提了存货跌价准备 2 000 元，深广公司为债权计提了坏账准备 10 000 元。假定不考虑其他税费。深广公司应确认的债务重组损失为( )元。

    A. 17 000   B. 7 000   C. 0   D. 23 000

15. 2×08 年 2 月 3 日，东方公司销售一批材料给西方公司，不含税价格为 100 000 元，增值税税率为 13%。当年 3 月 20 日，西方公司财务发生困难，无法按合同规定偿还债务，经双方协议，东方公司同意减免西方公司 20 000 元债务，余额用现金立即偿清。东方公司对该项债权计提坏账准备 5 000 元。西方公司应确认的债务重组利得为( )元。

    A. 20 000   B. 0   C. 92 000   D. 117 000

16. 2×07 年 8 月 1 日，甲公司因产品质量不合格而被乙公司起诉。至 2×07 年 12 月 31 日，该起诉讼尚未判决，甲公司估计很可能承担违约赔偿责任，需要赔偿 200 万元的可能性为 70%，需要赔偿 100 万元的可能性为 30%。甲公司基本确定能够从直接责任人处追回 50 万元。2×07 年 12 月 31 日，甲公司对该起诉讼应确认的预计负债金额为( )万元。

    A. 120   B. 150   C. 170   D. 200

17. 甲公司为 2×08 年新成立的企业。2×08 年该公司分别销售 A、B 产品 1 万件和 2 万件，销售单价分别为 100 元和 50 元。公司向购买者承诺提供产品售后 2 年内免费保修服务，预计保修期内将发生的保修费为销售额的 2%～8%。2×08 年实际发生保修费 1 万元。假定无其他或有事项，则甲公司 2×08 年年末资产负债表"预计负债"项目的金额为(　　)万元。

    A. 3　　　　　　　　B. 9　　　　　　　　C. 10　　　　　　　　D. 15

18. 根据国家统一的会计准则的规定，下列有关或有事项的表述中，正确的有(　　)。

    A. 或有负债与或有事项相联系，有或有事项就有或有负债

    B. 对于或有事项既要确认或有负债，也要确认或有资产

    C. 由担保引起的或有事项随着被担保人债务的全部清偿而消失

    D. 只有对本单位产生不利影响的事项，才能作为或有事项

19. 2×08 年 12 月 10 日，甲公司因合同违约而涉及一桩诉讼案。根据企业的法律顾问判断，最终的判决很可能对甲公司不利。2×08 年 12 月 31 日，甲公司尚未接到法院的判决，因诉讼须承担的赔偿金额也无法准确地确定。不过，据专业人士估计，赔偿金额可能为 90 万～100 万元(不含甲公司将承担的诉讼费 2 万元)。根据《企业会计准则——或有事项》的规定，甲公司应在 2×08 年 12 月 31 日资产负债表中确认负债的金额为(　　)万元。

    A. 92　　　　　　　　B. 90　　　　　　　　C. 95　　　　　　　　D. 97

20. 2×08 年 12 月 10 日，甲公司因合同违约而涉及一桩诉讼案。根据企业的法律顾问判断，最终的判决可能对甲公司不利。2×08 年 12 月 31 日，甲公司尚未接到法院的判决，因诉讼须承担的赔偿的金额也无法准确地确定。不过，据专业人士估计，赔偿金额可能为 100 万～120 万元。根据《企业会计准则——或有事项》的规定，甲公司应在 2×08 年 12 月 31 日资产负债表中确认负债的金额为(　　)万元。

    A. 100　　　　　　　　B. 110　　　　　　　　C. 120　　　　　　　　D. 0

21. 对于资产负债表日后事项中的调整事项涉及损益的应通过(　　)账户处理。

    A. "利润分配——未分配利润"　　　　　　B. "以前年度损益调整"

    C. "原损益类账户"　　　　　　　　　　　D. "本年利润"

22. 下列属于资产负债表日后事项中的调整事项的是(　　)。

    A. 资产负债表日后发生的销售退回

    B. 资产负债表日后期间发生的外汇汇率变动

    C. 发行债券

    D. 资产负债表日后期间发生重大火灾损失

23. 股份有限公司自资产负债表日至财务会计报告批准报出日之间发生的下列事项中，属于调整事项的是(　　)。

    A. 资产负债表日后发生重大诉讼

    B. 发生资产负债表所属期间所售商品的退回

    C. 资产负债表日后发生巨额亏损

    D. 一栋厂房因地震发生倒塌，造成公司重大损失

24. 某上市公司 2×07 年度财务报告于 2×08 年 2 月 10 日编制完成，所得税汇算清缴日是 3 月 20 日，注册会计师完成审计及签署审计报告日是 2×08 年 4 月 10 日，经董事会批准报表

对外公布日为 4 月 20 日，财务报告实际对外报出日为 4 月 22 日，股东大会召开日期是 4 月 25 日，按照准则规定，资产负债表日后事项的涵盖期间为( )。

A. 2×08年1月1日至2×08年2月10日

B. 2×08年2月10日至2×08年4月22日

C. 2×08年2月10日至2×08年4月25日

D. 2×08年1月1日至2×08年4月20日

二、多项选择题

1. 下列不属于投资性房地产的有( )。

A. 出租的土地使用权

B. 融资出租的建筑物

C. 出租拥有产权的建筑物

D. 出租拥有使用权的建筑物

2. 以下关于投资性房地产公允价值模式下后续计量表述正确的是( )。

A. 对投资性房地产不应计提折旧或摊销

B. 资产负债表日以公允价值为基础调整账面价值，差额计入公允价值变动损益

C. 公允价值与原账面价值之间的差额计入营业成本

D. 资产负债表日以可收回金额与账面价值比较，可收回金额低于账面价值时计提减值准备

3. 关于投资性房地产，下列说法中正确的有( )。

A. 投资性房地产是指为赚取租金或资本增值或者两者兼有而持有的房产、地产和机器设备等

B. 已出租的建筑物是指从租赁期开始日以经营租赁方式出租的建筑物,包括自行建造完成后用于出租的房地产

C. 用于出租的建筑物是指企业拥有产权的建筑物

D. 一项房地产，部分用于赚取租金或资本增值，部分用于生产商品、提供劳务或经营管理，即使用于赚取租金或资本增值的部分能够单独计量和出售的，也不可以确认为投资性房地产

4. 关于投资性房地产的后续计量，下列说法中正确的有( )。

A. 采用公允价值模式计量的，不对投资性房地产计提折旧或进行摊销

B. 采用成本模式计量的，应对投资性房地产计提折旧或进行摊销

C. 已采用公允价值模式计量的投资性房地产，不得从公允价值模式转为成本模式

D. 已采用成本模式计量的投资性房地产，不得从成本模式转为公允价值模式

5. 下列资产中，属于非货币性资产的有( )。

A. 存货

B. 预付账款

C. 其他债权投资

D. 准备持有至到期的债券投资

6. 下列经济业务中，属于非货币性资产交换的有( )。

A. 以公允价值20万元的小汽车一辆换取生产设备一台，另支付补价3万元

B. 以公允价值20万元的小汽车一辆换取生产设备一台，另支付补价5万元

C. 以公允价值50万元的机械设备一台换取电子设备一台，另收到补价25万元

D. 以公允价值50万元的机器设备一台换取电子设备一台，另收到补价15万元

7. 以下关于非货币性资产交换对换入资产计价的表述，正确的是(　　)。

    A. 只要具有商业实质的非货币性资产交换，就应以公允价值作为计价基础

    B. 只要公允价值可以可靠计量的非货币性资产交换，就应以公允价值为计价基础

    C. 只有同时满足具有商业实质和公允价值可以可靠计量的非货币性资产交换，才以公允价值为计价基础

    D. 不具有商业实质或者公允价值不能可靠计量的非货币性资产交换，要以账面价值为计价基础

8. 债务重组的方式主要包括(　　)。

    A. 以资产清偿债务   B. 将债务转为资本

    C. 修改其他债务条件   D. 以上三种方式的组合

9. 下列事项中，属于或有事项的有(　　)。

    A. 对债务单位提起诉讼   B. 对售出商品提供售后担保

    C. 代位偿付担保债务   D. 为子公司的贷款提供担保

10. 如果与或有事项相关的义务确认为负债，应同时符合以下条件的是(　　)。

    A. 该义务是企业承担的现时义务

    B. 履行很可能导致经济利益流出企业

    C. 该义务的履行不是很可能导致经济利益流出企业

    D. 该义务的金额能够可靠地计量

11. 根据国家统一的会计制度规定，下列各项中，属于或有事项的有(　　)。

    A. 某公司为其子公司的贷款提供担保   B. 某单位为其他企业的贷款提供担保

    C. 某企业以财产作为抵押向银行借款   D. 某公司被国外企业提起诉讼

12. 上市公司在其年度资产负债表日后至财务会计报告批准报出日前发生的下列事项中，属于非调整事项的有(　　)。

    A. 因市场汇率变动导致外币存款严重贬值

    B. 以前年度售出商品发生退货

    C. 董事会提出股票股利分配方案

    D. 发生重大诉讼、仲裁或承诺事项

13. 企业发生的资产负债表日后非调整事项通常包括(　　)。

    A. 资产负债表日后发生重大诉讼、仲裁、承诺

    B. 资产负债表日后资本公积转增资本

    C. 资产负债表日后发生巨额亏损

    D. 资产负债表日后发生企业合并或处置子公司

14. 上市公司在其年度资产负债表日后至财务报告批准报出日前发生的下列事项中，属于非调整事项的有(　　)。

    A. 因发生火灾导致存货严重损失   B. 以前年度售出商品发生退货

    C. 董事会提出股票股利分配方案   D. 发生企业合并

15. 下列资产负债表日后事项中属于非调整事项的是(　　)。

    A. 发行债券   B. 发生巨额亏损   C. 发生重大诉讼   D. 处置子公司

三、判断题

1. 期末企业将投资性房地产的账面余额单独列示在资产负债表上。（　　）

2. 企业以融资租赁方式出租建筑物是作为投资性房地产进行核算的。（　　）

3. 企业不论在成本模式下，还是在公允价值模式下，投资性房地产取得的租金收入，均确认为其他业务收入。（　　）

4. 企业采用公允价值模式进行后续计量的，不对投资性房地产计提折旧或进行摊销，应当以资产负债表日投资性房地产的公允价值为基础调整其账面价值，公允价值与原账面价值之间的差额计入其他业务成本或其他业务收入。（　　）

5. 已采用公允价值模式计量的投资性房地产，不得从公允价值模式转为成本模式。（　　）

6. 交易性金融资产和应收账款都属于货币性资产。（　　）

7. 非货币性资产交换是指交易双方以非货币性资产进行的交换，不涉及货币性资产。（　　）

8. 某企业以其不准备持有至到期的国库券换入一栋房屋以备出租，该项交易具有商业实质。（　　）

9. 在具有商业实质且公允价值能够可靠计量的非货币性资产交换中，收到补价的企业，按换出资产的账面价值减去可抵扣的增值税进项税额，加上应确认的收益，加上应支付的相关税费，减去补价后的余额，作为实际成本。（　　）

10. 发生非货币性资产交换时，若涉及多项资产，在没有补价的情况下，应按换入各项资产的公允价值占换入资产公允价值总额的比例，对换入资产的成本总额进行分配，以确定各项换入资产的入账价值。（　　）

11. 只要债权人对债务人的债务做出了让步，不管债务人是否发生财务困难，都属于准则所定义的债务重组。（　　）

12. 债务人发生财务困难是指因债务人出现资金周转困难、经营陷入困境或者其他方面的原因等，导致其无法或者没有能力按原定条件偿还债务。（　　）

13. 债权人同意债务人延期偿还债务，但延期后债务人仍然按照原债务账面价值偿还债务，则不属于债务重组。（　　）

14. 债务重组方式包括以资产清偿债务、将债务转为资本、修改其他债务条件等，但以上三种方式的组合不属于准则规范的债务重组方式。（　　）

15. 以非现金资产偿还债务，非现金资产为长期股权投资的，其公允价值和账面价值的差额，计入营业外收入。（　　）

16. 以非现金资产偿还债务，非现金资产为存货的，应当视同销售处理收入。按照相关规定，按非现金资产的账面价值确认销售商品收入，同时按照非现金资产的公允价值结转相应的成本。（　　）

17. 将债务转为资本的债务重组中，债务人应将股份的公允价值总额与股本(或实收资本)之间的差额确认为投资收益。（　　）

18. 修改其他债务条件进行债务重组的，债务人不能确认债务重组收益。（　　）

19. 债务重组采用以现金清偿债务、非现金资产清偿债务、将债务转为资本、修改其他债务条件等方式的组合进行的，债务人应当依次以支付的现金、转让的非现金资产公允价值、债权人享有股份的公允价值冲减重组债务的账面价值，再按照修改其他债务条件的债务重组会计处理规定进行处理。（　　）

20. 或有事项是指过去的交易或者事项形成的，其结果须由某些过去或未来事项的发生或不发生才能决定的不确定事项。（　　）

21. 企业在一定条件下可以确认或有负债和或有资产。（　　）

22. 或有负债，是指过去的交易或者事项形成的潜在义务，其存在须通过未来不确定事项的发生或不发生予以证实；或过去的交易或者事项形成的现时义务，履行该义务不是很可能导致经济利益流出企业或该义务的金额不能可靠计量。（　　）

23. 待执行合同不属于企业会计准则规范的内容，但待执行合同变为亏损合同的，应当作为企业会计准则规范的或有事项。（　　）

24. 企业在资产负债表日后发生严重火灾，损失仓库一间，这一事项属于调整事项。（　　）

25. 交易性金融资产因资产负债表日后市价严重下跌，公司应将其视为资产负债表日后调整事项。（　　）

26. 对资产负债表日后事项中的非调整事项，只进行账务处理，不需要披露。（　　）

27. 对资产负债表日后事项中的调整事项，涉及损益的事项，通过"以前年度损益调整"科目核算，然后将"以前年度损益调整"的余额转入"本年利润"科目。（　　）

28. 2×07 年度财务会计报告批准报出前，该公司董事会于 2×08 年 2 月 25 日提出分派股票股利方案。该公司对该事项在会计报表附注中做了相关披露，但未调整会计报表相关项目的金额。（　　）

29. 资产负债表日后事项中的调整事项，涉及损益调整的事项，直接在"利润分配——未分配利润"科目核算。（　　）

四、问答题

1. 什么是投资性房地产？投资性房地产包括哪些内容？

2. 什么是非货币性资产交换？

3. 什么是债务重组？债务重组有哪些形式？

4. 什么是或有事项？或有事项确认为一项负债的条件有哪些？

5. 什么是资产负债表日后事项？

6. 什么是资产负债表日后调整事项？调整事项通常包括哪些？

7. 什么是资产负债表日后非调整事项？非调整事项通常包括哪些？

第二部分　业务能力测试

1. 甲房地产公司(以下简称甲公司)于 2×07 年 1 月 1 日将一栋商品房对外出租并采用公允价值模式计量，租期为 3 年，每年 12 月 31 日收取租金 100 万元。出租时，该商品房的成本为

2 000 万元，公允价值为 2 200 万元；2×07 年 12 月 31 日，该商品房的公允价值为 2150 万元；2×08 年 12 月 31 日，该商品房的公允价值为 2 120 万元；2×09 年 12 月 31 日，该商品房的公允价值为 2 050 万元；2×10 年 1 月 5 日，将该商品房对外出售，收到 2 080 万元并存入银行。

要求：编制甲公司上述经济业务的会计分录(假定按年确认公允价值变动损益和确认租金收入)。

2. 甲公司采用公允价值模式计量投资性房地产。有关资料如下：

(1) 2×06 年 12 月 1 日，甲公司与 A 公司签订协议，将自用的办公楼出租给 A 公司，租期为 3 年，每年租金为 1 000 万元，于每年年初收取，2×07 年 1 月 1 日为租赁期开始日，2×09 年 12 月 31 日到期。转换日的公允价值为 30 000 万元，该固定资产账面原值为 20 000 万元，已计提的累计折旧为 10 000 万元，未计提减值准备。每年 1 月 1 日均收到租金。

(2) 2×07 年 12 月 31 日，该投资性房地产的公允价值为 30 500 万元。

(3) 2×08 年 12 月 31 日，该投资性房地产的公允价值为 30 800 万元。

(4) 2×09 年 12 月 31 日，租赁协议到期，甲公司收回办公楼作为自有办公楼，该办公楼的公允价值为 30 700 万元。

假定不考虑相关税费，要求：

(1) 编制 2×07 年 1 月 1 日转换日转换房地产的有关会计分录。

(2) 编制收到租金的相关会计分录。

(3) 编制 2×07 年 12 月 31 日调整投资性房地产的会计分录。

(4) 编制 2×08 年 12 月 31 日调整投资性房地产的会计分录。

(5) 编制 2×09 年 12 月 31 日租赁协议到期的相关会计分录。

3. 2×08 年 9 月，A 公司以生产经营过程中使用的一台设备交换 B 打印机公司生产的一批打印机，换入的打印机作为固定资产管理。A、B 公司均为增值税一般纳税人，适用的增值税税率为 13%。设备的账面原价为 150 万元，交换日的累计折旧为 45 万元，公允价值为 105.3 万元。打印机的账面价值为 110 万元，在交换日不含增值税的市场价格为 90 万元，计税价格等于市场价格。B 公司换入 A 公司的设备是生产打印机过程中需要使用的设备。

假设 A 公司此前没有为该项设备计提资产减值准备，整个交易过程中，除支付运杂费 15 000 元外，没有发生其他相关税费。假设 B 公司此前也没有为库存打印机计提存货跌价准备，其在整个交易过程中没有发生增值税以外的其他税费。根据税法规定，A 公司换入固定资产支付的增值税不能抵扣。

要求：分别做出 A、B 公司对以上业务的会计处理。

4. 甲企业于 2×06 年 1 月 20 日销售一批材料给乙企业，不含税价格为 200 000 元，增值税税率为 13%，按合同规定，乙企业应于 2×06 年 4 月 1 日前偿付货款。由于乙企业发生财务困难，无法按合同规定的期限偿还债务，经双方协议于 7 月 1 日进行债务重组。债务重组协议规定，甲企业同意减免乙企业 30 000 元债务，余额用现金立即偿清。乙企业于当日通过银行转账支付了该笔剩余款项，甲企业随即收到了通过银行转账偿还的款项。甲企业已为该项应收债权计提了 20 000 元的坏账准备。

要求：分别做出甲企业和乙企业的账务处理。

5. 甲公司欠乙公司购货款 350 000 元。由于甲公司财务发生困难，短期内不能支付已于 2×07 年 5 月 1 日到期的货款。2×07 年 7 月 1 日，经双方协商，乙公司同意甲公司以其生产的产品偿还债务。该产品的公允价值为 200 000 元，实际成本为 120 000 元。甲公司为增值税一般纳税人，适用的增值税税率为 13%。乙公司于 2×07 年 8 月 1 日收到甲公司抵债的产品，并作为库存商品入库；乙公司对该项应收账款计提了 50 000 元的坏账准备。

要求：分别做出甲公司和乙公司的会计处理。

6. 甲公司于 2×05 年 1 月 1 日销售给乙公司一批材料，价值 400 000 元(包括应收取的增值税税额)，按购销合同约定，乙公司应于 2×05 年 10 月 31 日前支付货款，但截至 2×06 年 1 月 31 日乙公司尚未支付货款。由于乙公司财务发生困难，短期内不能支付货款，2×06 年 2 月 3 日，与甲公司协商，甲公司同意乙公司以一台设备偿还债务。该项设备的账面原价为 350 000 元，已提折旧 50 000 元，设备的公允价值为 360 000 元(假定企业转让该项设备不需要缴纳增值税)。甲公司对该项应收账款已提取坏账准备 20 000 元。抵债设备已于 2×06 年 3 月 10 日运抵甲公司。假定不考虑该项债务重组相关的税费。甲公司、乙公司均按净利润的 10%计提盈余公积，2×07 年度财务报告批准对外公布日为 2×08 年 3 月 31 日。

要求：分别做出甲公司和乙公司的会计处理。

7. 甲公司 2×07 年 11 月 8 日销售一批商品给乙公司，取得收入 120 万元(不含税，增值税税率 13%)。甲公司发出商品后，按照正常情况已确认收入，并结转成本 100 万元。2×07 年 12 月 31 日，该笔货款尚未收到，甲公司对应收账款计提了坏账准备 6 万元。2×08 年 1 月 12 日，由于产品质量问题，本批货物被退回。假定本年度除应收乙公司账款计提的坏账准备外，无其他纳税调整事项，甲公司于 2×08 年 2 月 28 日完成 2×07 年所得税汇算清缴。公司适用的所得税税率为 25%。甲公司、乙公司均按净利润的 10%计提盈余公积，2×07 年度财务报告批准对外公布日为 2×08 年 3 月 31 日。

要求：

(1) 判断该项销售退回是否是资产负债表日后事项，并简要说明理由；

(2) 对以上业务进行会计处理(只编写会计分录，不调整报表)。

8. 甲公司与乙公司签订一项销售合同，合同中订明甲公司应在 2×07 年 8 月销售给乙公司一批物资。由于甲公司未能按照合同发货，致使乙公司发生重大经济损失。2×07 年 12 月，乙公司将甲公司告上法庭，要求甲公司赔偿 450 万元。2×07 年 12 月 31 日，法院尚未判决，甲公司按或有事项准则对该诉讼事项确认预计负债 300 万元。2×08 年 2 月 10 日，经法院判决甲公司应赔偿乙公司 400 万元，甲、乙双方均服从判决。判决当日，甲公司向乙公司支付赔偿款 400 万元。甲、乙两公司 2×07 年所得税汇算清缴均在 2×08 年 3 月 20 日完成(假定该项预计负债产生的损失不允许在预计时税前抵扣，只有在损失实际发生时，才允许税前抵扣)。公司适用的所得税税率为 25%。

要求：

(1) 判断该事项是否是资产负债表日后事项，并简要说明理由；

(2) 对以上业务进行会计处理(只编写会计分录，不调整报表)。

《企业财务会计》模拟考试题(一)

(考试时间：90 分钟　满分：100 分)

题号	一	二	三	四	五	六	总分
得分							

一、单项选择题(本题型共 20 题，每题 1 分，共 20 分)

请将你认为正确的选项填入题号对应的空格内。

题号	1	2	3	4	5	6	7	8	9	10
答案										
题号	11	12	13	14	15	16	17	18	19	20
答案										

1. 企业提供的会计信息应当相互可比，这是(　　)会计信息质量要求。

　　A. 真实性　　　　　　B. 可比性　　　　　　C. 可理解性　　　　D. 谨慎性

2. 以下不通过其他货币资金核算的是(　　)。

　　A. 银行汇票　　　　　B. 银行本票　　　　　C. 银行支票　　　　D. 信用证保证金

3. 交易性金融资产公允价值的变动应计入(　　)。

　　A. 投资收益　　　　　B. 财务费用　　　　　C. 资产减值损失　　D. 公允价值变动损益

4. 2×07 年 12 月 31 日，大海公司库存材料账面价值(成本)400 万元，市场购买价格为 380 万元，用材料生产的产品可变现净值为 600 万元，产品的成本为 590 万元，则 2×07 年 12 月 31 日，材料的账面价值为(　　)万元。

　　A. 400　　　　　　　B. 380　　　　　　　C. 600　　　　　　D. 590

5. 下列各项中，应通过"其他应收款"科目核算的是(　　)。

    A. 租入包装物支付的押金   B. 应收现金股利

    C. 应收销货款   D. 应收债券利息

6. 按照会计准则规定，对于购货方实际享受的现金折扣，销售方应做的会计处理是(　　)。

    A. 冲减当期主营业务收入   B. 增加当期财务费用

    C. 增加当期主营业务成本   D. 增加当期管理费用

7. 甲公司 2×08 年 7 月 10 日从证券市场购入乙公司发行在外的股票 100 万股作为交易性金融资产，每股支付价款 5 元，含已宣告但尚未发放的现金股利 1 元，另支付相关费用 8 万元，则甲公司取得该项交易性金融资产入账价值为(　　)万元。

    A. 408   B. 400   C. 500   D. 508

8. 下列不属于金融资产的是(　　)。

    A. 货币资金   B. 应收款项   C. 债权投资   D. 固定资产

9. 当债券以大于面值的价格发行时，则(　　)。

    A. 票面利率小于实际利率   B. 票面利率与实际利率无关

    C. 票面利率等于实际利率   D. 票面利率大于实际利率

10. 某企业采用计划成本进行材料的日常核算。月初结存材料的计划成本为 200 万元，成本差异为超支 10 万元。当月购入材料一批，实际成本为 190 万元，计划成本为 200 万元。当月领用材料的计划成本为 100 万元，当月领用材料应负担的材料成本差异为(　　)万元。

    A. 5   B. −5   C. 0   D. 2.5

11. 某公司月初甲产品结存金额 1 000 元，结存数量 20 件，采用先进先出法计价；本月 10 日和 20 日甲产品分别完工入库 400 件和 500 件，单位成本分别为 52 元和 53 元；本月 15 日和 25 日分别销售该产品 380 件和 400 件。该甲产品月末结存余额为(　　)元。

    A. 7 000   B. 7 420   C. 7 350   D. 7 500

12. 委托加工应纳消费税物资(非金银首饰)收回后用于连续生产应税消费品，其由受托方代收代缴的消费税，应计入的会计科目是(　　)。

    A. "管理费用"   B. "应交税费——应交消费税"

    C. "税金及附加"   D. "委托加工物资"

13. 在采用成本与可变现净值孰低法对期末存货计价时，可变现净值低于成本的部分应计入(　　)。

    A. 管理费用   B. 营业外支出   C. 资产减值损失   D. 财务费用

14. 甲企业于 2×07 年 4 月 1 日以银行存款 1 000 万元的价款购入乙企业 30%的股票作为长期股权投资，购入时支付的价款中包含已经宣告但尚未发放的股利 10 万元，另支付相关费用 2 万元。则该长期股权投资的入账价值为(　　)万元。

    A. 990   B. 1 000   C. 992   D. 1 002

15. 某项固定资产的原值为 1 000 万元，预计净残值为 10%，预计使用年限为 5 年，年数总和法下第四年计提的折旧为(　　)万元。

    A. 120   B. 180   C. 200   D. 240

16. 企业已经确认的无法支付的应付账款在转销时，应计入的科目为(   )。

    A. "营业外收入"   B. "未分配利润"   C. "盈余公积"   D. "资本公积"

17. 企业从应付职工薪酬中代扣的个人所得税，应借记的会计科目是(   )。

    A. "应付职工薪酬"   B. "银行存款"

    C. "其他应收款"   D. "应交税费"

18. 企业对于已经发出但尚未确认销售收入的商品的成本，应借记的会计科目是(   )。

    A. "在途物资"   B. "主营业务成本"

    C. "发出商品"   D. "库存商品"

19. 甲企业"应收账款"科目月末借方余额 10 000 元，其中"应收 A 公司账款"明细科目借方余额 8 000 元，"应收 B 公司账款"明细科目借方余额 2 000 元，"预收账款"科目月末贷方余额 5 000 元，其中"预收 C 工厂账款"明细科目贷方余额 8 000 元，"预收 D 工厂账款"明细科目借方余额 3 000 元，月末资产负债表中"应收账款"项目的金额为(   )元。

    A. 13 000   B. 11 000   C. 10 000   D. 8 000

20. 某企业 2×04 年 4 月 1 日从银行借入期限为 3 年的长期借款 400 万元，编制 2×06 年 12 月 31 日资产负债表时，此项借款应填入的报表项目是(   )。

    A. 短期借款   B. 长期借款

    C. 其他长期负债   D. 一年内到期的非流动负债

二、多项选择题(本题型共 10 题，每题 2 分，共 20 分)

本题型有两个或两个以上的答案，请将你认为正确的选项填入题号对应的空格内。

题号	1	2	3	4	5	6	7	8	9	10
答案										

1. 下列各项中，会引起应收账款账面余额发生变化的有(   )。

    A. 转销到期不能收回的应收账款   B. 计提应收账款坏账准备

    C. 收回应收账款   D. 收回已转销的坏账

2. 存货的计价方法有实际成本法和计划成本法，在实际成本法下，发出存货的计价方法包括(   )。

    A. 个别计价法   B. 先进先出法   C. 后进先出法   D. 一次加权平均法

3. 下列各项中，应计入制造费用的有(   )。

    A. 生产车间管理人员的工资   B. 厂部管理人员的工资

    C. 生产车间的办公费   D. 厂部的办公费

4. 下列各项中，不应通过"固定资产清理"科目核算的有(   )。

    A. 盘盈的固定资产   B. 出售的固定资产   C. 报废的固定资产   D. 盘亏的固定资产

5. 影响固定资产折旧金额的因素有(   )。

    A. 固定资产原价   B. 固定资产预计净残值

    C. 固定资产减值准备   D. 固定资产的使用寿命

6. 下列会计科目中，年末应无余额的有(   )。

    A. 主营业务收入   B. 营业外收入   C. 本年利润   D. 利润分配

7. 下列各项中，影响企业营业利润的有(   )。

    A. 投资收益   B. 财务费用   C. 所得税费用   D. 营业外收入

8. 企业发生的下列费用中，应计入管理费用的有(   )。

    A. 广告费   B. 业务招待费   C. 工会经费   D. 售后服务费

9. 下列会计科目的期末余额应当列入资产负债表"存货"项目的有(   )。

    A. 生产成本   B. 材料采购   C. 委托加工物资   D. 委托代销商品

10. 下列各项中，属于经营活动的现金流量的有(   )。

    A. 销售商品收到的价款   B. 偿还借款支付的现金

    C. 购入固定资产支付的价款   D. 购买原材料支付的价款

三、判断题(本题型共 5 题，每题 1 分，共 5 分)

请将你的判断结果(正确的用"√"表示，错误的用"×"表示)填入题号对应的空格内。

题号	1	2	3	4	5
判断结果					

1. 随同商品出售而不单独计价的包装物，在领用时应将其成本计入"销售费用"。

2. 企业应当根据其生产经营特点、生产经营组织类型和成本管理要求，选择恰当的成本计算对象，确定成本计算方法。

3. 企业将自用房地产转换为采用公允价值模式计量的投资性房地产，转换日公允价值大于账面价值的差额计入其他综合收益。

4. 对于同一控制下的控股合并，合并方应以所取得的对方可辨认净资产公允价值份额作为长期股权投资成本。

5. 企业偿付应付账款时发生的现金流出，属于筹资活动产生的现金流量。

四、名词解释(每题 3 分，共 6 分)

1. 持续经营

2. 留存收益

五、简答题(每题 6 分，共 12 分)

1. 什么是未达账项，发生未达账项的情况有哪些？

2. 简述购入存货的成本构成。

六、业务题(本题型共 3 题，37 分)

1. (13 分)甲公司为增值税一般纳税企业。2×08 年 3 月份发生下列销售业务：

(1) 5 日，向 A 公司销售商品 1 000 件，每件商品的标价为 80 元。为了鼓励多购商品，甲公司同意给予 A 公司 10%的商业折扣。开出的增值税专用发票上注明的售价总额为 72 000 元，增值税税额为 9 360 元。商品已发出，货款已收存银行。

(2) 8 日，向 B 公司销售商品一批，开出的增值税专用发票上注明的售价总额为 60 000 元，增值税税额为 7 800 元。甲公司为了及早收回货款，在合同中规定的现金折扣条件为"2/10，1/20，n/30"。

(3) 13 日，收到 B 公司的扣除享受现金折扣后的全部款项，并存入银行。假定计算现金折扣时不考虑增值税。

(4) 20 日，A 公司发现所购商品不符合合同规定的质量标准，要求甲公司在价格上给予 10% 的销售折让。甲公司经查明后，同意给予折让并取得了索取折让证明单，开具了增值税专用发票(红字)，并已将款项付给 A 公司。

要求：

(1) 编制甲公司上述销售业务的会计分录，"应交税费"科目要求写出明细科目，本题不要求编制结转销售成本的会计分录；

(2) 计算甲公司 3 月份的主营业务收入。

2. (11 分)2×07 年 5 月 13 日，甲公司支付价款 1 060 000 元从二级市场购入乙公司发行的股票 100 000 股，每股价格 10.60 元(含已宣告但尚未发放的现金股利 0.60 元)，另支付交易费用 1 000 元，增值税 60 元。甲公司将持有的乙公司股权划分为交易性金融资产，且持有乙公司股权后对其无重大影响。

甲公司其他相关资料如下：

(1) 5 月 23 日，收到乙公司发放的现金股利；

(2) 6 月 30 日，乙公司股票价格涨到每股 13 元；

(3) 8 月 15 日，将持有的乙公司股票全部售出，每股售价 15 元(转让金融商品应交增值税税率为 6%)。

要求：对以上业务进行会计处理。

3. (13 分)甲公司在 2×07 年 12 月 18 日向乙公司销售一批商品，开出的增值税专用发票上注明的销售价款为 50 000 元，增值税税额为 6 500 元。该批商品成本为 26 000 元。为及早收回货款，甲公司和乙公司约定的现金折扣条件为"2/10，1/20，n/30"。乙公司在 2×07 年 12 月 27 日支付货款。2×08 年 4 月 5 日，该批商品因质量问题被乙公司退回，甲公司当日支付有关款项。假定计算现金折扣时不考虑增值税，销售退回不属于资产负债表日后事项。

要求：

(1) 写出甲公司在 2×07 年 12 月 18 日向乙公司销售一批商品的会计分录；

(2) 写出甲公司在 2×07 年 12 月 27 日收取货款的会计分录；

(3) 写出 2×08 年 4 月 5 日商品退回的会计分录。

《企业财务会计》模拟考试题(二)

(考试时间：90 分钟　满分：100 分)

题号	一	二	三	四	五	六	总分
得分							

一、单项选择题(本题型共 20 题，每题 1 分，共 20 分)

请将你认为正确的选项填入题号对应的空格内。

题号	1	2	3	4	5	6	7	8	9	10
答案										
题号	11	12	13	14	15	16	17	18	19	20
答案										

1. 融资性租入的固定资产，视同自有固定资产计提折旧，这是(　　)会计信息质量的要求。
   A. 实质重于形式　　B. 重要性　　　　C. 谨慎性　　　　D. 相关性

2. 对于预收货款不多的企业，其所发生的预收货款可以通过(　　)科目进行核算。
   A. 应收账款　　　　B. 应付账款　　　C. 预付账款　　　D. 其他应收款

3. 企业采用余额百分比法计提坏账准备，计提比例2%，"坏账准备"的期初贷方余额为3 200元，以前期间确认的坏账中有 2 000 元在本期收回，本期确认的坏账为 5 000 元，本期期末应收账款借方余额 100 000 元，则本期期末应(　　)。
   A. 不计提坏账准备　　　　　　　　　B. 计提坏账准备1 800元
   C. 冲减坏账准备4 200元　　　　　　D. 计提坏账准备2 200元

4. 企业盘盈的固定资产，应通过(　　)科目核算。
   A. 固定资产清理　　B. 资本公积　　　C. 营业外收入　　D. 以前年度损益调整

5. 随同产品出售但不单独计价的包装物，应该在发出时将其实际成本计入(　　)。
   A. "财务费用"　　　B. "销售费用"　　C. "管理费用"　　D. "主营业务成本"

6. 甲公司与乙公司均为一般纳税企业。2×08 年 7 月 2 日甲公司向乙公司销售商品一批，开出的增值税专用发票上注明销售价款为 20 000 元，增值税税额为 2 600 元。为及早收回货款，甲公司和乙公司约定现金折扣条件为"2/10，1/20，n/30"。假定计算现金折扣时不考虑增值税税额，则甲公司 2×08 年 7 月 15 日收款金额为(　　)元。
   A. 20 000　　　　　B. 22 600　　　　C. 22 400　　　　D. 19 800

7. 以下属于交易性金融资产的有(　　)。
   A. 购入长期持有的股票　　　　　　B. 现金
   C. 银行存款　　　　　　　　　　　D. 购入的准备随时变现的债券

8. 某企业为小规模纳税人，该企业购入某种原材料 200 千克，每千克 1000 元(含税)，发生运杂费 1 000 元，同时在运输途中发生合理损耗 5 千克，这批材料的入账价值为(　　)元。

    A. 196 000　　　　　　B. 201 000　　　　　　C. 206 000　　　　　　D. 220 000

9. 某企业月初结存材料的计划成本为 30 000 元，成本差异为超支 200 元，本月入库材料的计划成本为 70 000 元，成本差异为节约 700 元，当月领用材料的计划成本为 60 000 元，那么领用材料负担的材料成本差异为(　　)元。

    A. -300　　　　　　　B. 300　　　　　　　　C. -460　　　　　　　D. 460

10. 采用成本法核算长期股权投资的情况下，被投资单位发生亏损时，投资企业应当(　　)。

    A. 借记"投资收益"　　　　　　　　　　B. 借记"资本公积"

    C. 贷记"长期股权投资"　　　　　　　　D. 不做处理

11. 无形资产的摊销一般计入(　　)。

    A. 管理费用　　　　B. 营业外支出　　　　C. 财务费用　　　　D. 营业费用

12. 某企业自行建造一条生产线，于 2×06 年 6 月投入使用，其建造成本为 370 万元，预计使用年限为 5 年，净残值为 10 万元，在采用年数总和法计提折旧的情况下，2×06 年该设备应计提的折旧额为(　　)万元。

    A. 120　　　　　　　B. 70　　　　　　　　C. 60　　　　　　　　D. 74

13. 企业无法支付到期的商业承兑汇票时，应当进行的处理是(　　)。

    A. 转做应付账款　　　　　　　　　　　B. 转做营业外收入

    C. 不进行处理　　　　　　　　　　　　D. 转做其他应付款

14. 下列项目中，使负债增加的是(　　)。

    A. 发行股票　　　　　　　　　　　　　B. 用银行存款购买公司债券

    C. 发行公司债券　　　　　　　　　　　D. 支付现金股利

15. 企业将自产货物作为集体福利消费，应视同销售货物计算应交增值税。发放时，应借记(　　)科目，贷记"主营业务收入""应交税费——应交增值税"等科目。

    A. 营业外支出　　　B. 应付职工薪酬　　　C. 盈余公积　　　　D. 在建工程

16. 下列交易或事项中，不应确认为营业外支出的是(　　)。

    A. 公益性捐赠支出　　　　　　　　　　B. 无形资产出售损失

    C. 固定资产盘亏损失　　　　　　　　　D. 固定资产减值损失

17. 转让无形资产所有权所发生的损益，应计入(　　)。

    A. 其他业务支出　　B. 营业外收支　　　　C. 财务费用　　　　D. 管理费用

18. A 企业于 2×03 年 2 月 1 日购入一项摊销期限为 5 年的专利权，入账金额为 60 000 元。2×05 年 3 月 31 日，A 企业将其转让，取得不含税转让收入 70 000 元，适用的增值税税率为 6%，款项收到存入银行。则转让该项专利权所实现的所得税税前利润为(　　)元。

    A. 34 000　　　　　　B. 29 800　　　　　　C. 30 800　　　　　　D. 35 000

19. 某企业应收账款明细账借方余额合计为 280 000 元，贷方余额合计为 73 000 元，针对应收账款计提的坏账准备贷方余额为 680 元，则资产负债表的"应收账款"项目应为(　　)元。

    A. 280 000　　　　　B. 206 300　　　　　　C. 279 320　　　　　　D. 207 000

20. 某企业年初未分配利润为 100 万元，本年净利润为 1 000 万元，按 10%计提法定盈余公积，按 5%计提任意盈余公积，宣告发放现金股利 80 万元，该企业期末未分配利润为(　　)万元。

　　A. 855　　　　　　　　B. 867　　　　　　　　C. 870　　　　　　　　D. 874

二、多项选择题(本题型共 10 题，每题 2 分，共 20 分)

本题型有两个或两个以上的答案，请将你认为正确的选项填入题号对应的空格内。

题号	1	2	3	4	5	6	7	8	9	10
答案										

1. 会计期间可以分为(　　)。
　　A. 年度　　　　　　B. 季度　　　　　　C. 月度　　　　　　D. 半年度
2. 下列属于资产基本特征的是(　　)。
　　A. 是由于过去的交易或事项所引起的　　B. 必须是投资者投入的
　　C. 是企业拥有或者控制　　　　　　　　D. 预期能够给企业带来经济利益
3. 下列各项中，通过"其他货币资金"科目核算的是(　　)。
　　A. 信用证存款　　B. 银行汇票存款　　C. 备用金　　D. 银行本票存款
4. 下列各种物资中，应该作为企业存货核算的有(　　)。
　　A. 委托加工物资　　B. 库存商品　　C. 周转材料　　D. 在途物资
5. 下列项目中，应计入存货成本的有(　　)。
　　A. 挑选整理费用　　　　　　　　B. 进口关税
　　C. 运输途中的合理损耗　　　　　　D. 一般纳税人购入材料支付的增值税
6. 以下原因引起的固定资产减少中，应通过"固定资产清理"科目进行核算的有(　　)。
　　A. 因出售而减少的固定资产　　　　B. 因报废而减少的固定资产
　　C. 因盘亏而减少的固定资产　　　　D. 因毁损而减少的固定资产
7. 留存收益属于企业的所有者权益，包括(　　)。
　　A. 盈余公积　　　　B. 未分配利润　　　　C. 实收资本　　　　D. 资本公积
8. 下列税金中，应计入税金及附加的有(　　)。
　　A. 房产税　　　　B. 印花税　　　　C. 增值税　　　　D. 消费税
9. 下列各项中，影响营业利润的项目有(　　)。
　　A. 已销商品成本　　　　　　B. 原料销售收入
　　C. 出售固定资产净收益　　　D. 转让股票所得收益
10. 下列各项中，属于筹资活动产生的现金流量的有(　　)。
　　A. 支付现金股利　　　　　　B. 取得短期借款
　　C. 增发股票收到现金　　　　D. 偿还公司债券支付的现金

三、判断题(本题型共 5 题，每题 1 分，共 5 分)

请将你的判断结果(正确的用"√"表示，错误的用"×"表示)填入题号对应的空格内。

题号	1	2	3	4	5
判断结果					

1. 会计主体与法律主体并非对等概念，法人可作为会计主体，但会计主体不一定是法人。
2. 投资者投入无形资产的成本，应当一律按照投资合同或协议约定的价值确定。
3. 在物价上涨期间，采用先进先出法，使当期资产总额减少，利润增加。
4. 收入能够导致企业所有者权益增加，但导致所有者权益增加的不一定都是收入。
5. 企业对于跨年度且期末能对交易结果做出可靠估计的劳务，应采用完工百分比法确认收入。

四、名词解释(每题 3 分，共 6 分)

1. 坏账
2. 营业外收入

五、简答题(每题 6 分，共 12 分)

1. 简述影响固定资产计提折旧的主要因素。
2. 简述净利润分配的顺序。

六、业务题(本题型共 3 题，37 分)

1. (13 分)甲上市公司为增值税一般纳税企业，库存商品采用实际成本核算，商品售价不含增值税，商品销售成本随销售同时结转。2×07 年 3 月 1 日，W 商品账面余额为 2 300 000 元。2×07 年 3 月发生的有关采购与销售业务如下：

(1) 3 月 3 日，从 A 公司采购 W 商品一批，收到的增值税专用发票上注明的货款为 800 000 元，增值税为 104 000 元。W 商品已验收入库，款项尚未支付。

(2) 3 月 8 日，向 B 公司销售 W 商品一批，开出的增值税专用发票上注明的售价为 1 500 000 元，增值税为 195 000 元，该批 W 商品实际成本为 1 200 000 元，款项尚未收到。

(3) 销售给 B 公司的部分 W 商品由于存在质量问题，3 月 20 日 B 公司要求退回 3 月 8 日所购 W 商品的 50%，经过协商，甲上市公司同意了 B 公司的退货要求，并按规定向 B 公司开具了增值税专用发票(红字)，发生的销售退回允许扣减当期的增值税销项税额，该批退回的 W 商品已验收入库。

(4) 3 月 31 日，经过减值测试，W 商品的可变现净值为 2 300 000 元。

要求：

(1) 编制甲上市公司上述(1)～(3)项业务的会计分录，"应交税费"科目要求写出明细科目和专栏名称，答案中的金额单位用万元表示。

(2) 计算甲上市公司 2×07 年 3 月 31 日 W 商品应确认的存货跌价准备并编制会计分录。

2. (14 分)某股份有限公司在 2×07 年 6 月 10 日以每股 15 元的价格(其中包含已宣告但尚未发放的现金股利 0.2 元)购进某某股票 20 万股确认为交易性金融资产，另支付相关税费 1.2 万元，6 月 15 日如数收到宣告发放的现金股利，6 月 20 日以每股 13 元又购进该股票 10 万股，支付交易费用 0.6 万元，6 月 30 日该股票价格下跌到每股 12 元。9 月 20 日，该公司以每股 16 元的价格将股票 18 万股出售，支付相关税费 1 万元，2×07 年 12 月 31 日该股票剩余 12 万股，每股公允价值为 17 元。

假定不考虑相关税费，要求编写以下会计分录：

(1) 2×07 年 6 月 10 日购入交易性金融资产；

(2) 2×07 年 6 月 15 日收到现金股利；

(3) 2×07 年 6 月 20 日购入交易性金融资产；

(4) 2×07 年 6 月 30 日交易性金融资产公允价值变动；

(5) 2×07 年 9 月 20 日出售交易性金融资产 18 万股；

(6) 2×07 年 12 月 31 日交易性金融资产公允价值变动。

3. (10 分)甲公司委托丙公司销售商品 200 件，商品已经发出，每件成本为 60 元。合同约定丙公司应按每件 100 元对外销售，甲公司按售价的 10%向丙公司支付手续费。丙公司对外实际销售 100 件，开出的增值税专用发票上注明的销售价款为 10 000 元，增值税税额为 1 300 元，款项已经收到。甲公司收到丙公司开具的代销清单时，向丙公司开具一张相同金额的增值税专用发票，同时收到丙公司开具的结算增值税专用发票一张，手续费 1 000 元，增值税 60 元。假定甲公司发出商品时纳税义务尚未发生，不考虑其他因素。

要求：写出甲公司进行会计处理的会计分录。

《企业财务会计》模拟考试题 (三)

(考试时间：90 分钟   满分：100 分)

题号	一	二	三	四	五	六	总分
得分							

一、单项选择题(本题型共 20 题，每题 1 分，共 20 分)

请将你认为正确的选项填入题号对应的空格内。

题号	1	2	3	4	5	6	7	8	9	10
答案										
题号	11	12	13	14	15	16	17	18	19	20
答案										

1. 下列项目中，属于利得的是( )。
   A. 投资者投入资本　　　　　　　　　B. 接受现金捐赠
   C. 出租建筑物流入经济利益　　　　　D. 销售商品流入经济利益

2. 企业的工资、奖金等现金的支取只能通过( )办理。
   A. 一般存款账户　　B. 临时存款账户　　C. 专用存款账户　　D. 基本存款账户

3. 其他债权投资公允价值的变动，应计入( )。
   A. 其他综合收益　　B. 资本公积　　　　C. 投资收益　　　　D. 公允价值变动损益

4. 某公司年末调整坏账准备账户前，应收账款科目借方余额为 400 000 元，坏账准备科目贷方余额为 300 元，按应收账款 1% 计提坏账准备，则该年末应计提坏账准备( )元。
   A. 3 700　　　　　　B. 2 300　　　　　　C. 1 700　　　　　　D. 4 300

5. 企业销售某种产品，价目表中的报价为 10 000 元，商业折扣为 10%，付款条件为"2/10，n/20"在总价法下，不考虑增值税应收账款的入账金额为( )元。
   A. 9 800　　　　　　B. 9 000　　　　　　C. 8 820　　　　　　D. 8 800

6. 按照我国会计实务惯例，企业采用总价法下，发生现金折扣时，应列作为( )。
   A. 营业外支出　　　B. 销售费用　　　　C. 财务费用　　　　D. 管理费用

7. 某企业为增值税一般纳税企业，适用的增值税税率为 13%。从外地购入原材料 1 000 吨，收到增值税专用发票上注明的售价为每吨 1 200 元，购买价款共为 1 200 000 元，增值税税额为 156 000 元，另发生不含税运输费 50 000 元(取得运输业增值税专用发票，可按 9% 抵扣增值税)，装卸费 10 000 元，途中保险费为 10 000 元。运输途中发生 1% 的合理损耗，则该原材料的入账价值为( )元。
   A. 1 258 000　　　　B. 1 270 000　　　　C. 1 474 000　　　　D. 1 200 000

8. 购入需要安装的生产设备的增值税进项税额应计入( )。
   A. 营业外支出　　　B. 固定资产　　　　C. 应交税费　　　　D. 在建工程

9. 甲公司 2×11 年 1 月 5 日支付价款 2000 万元购入乙公司 30% 的股份，准备长期持有，另支付相关税费 20 万元，购入时乙公司可辨认净资产公允价值为 12 000 万元。甲公司取得投资后对乙公司具有重大影响。假定不考虑其他因素，甲公司因确认投资而影响利润的金额为( )万元。
   A. −20　　　　　　　B. 0　　　　　　　　C. 1580　　　　　　D. 1600

10. 一台机器成本为 60 000 元，估计可使用 10 年，估计净残值为 5 000 元，按双倍余额递减法计提折旧，则第二年应计提折旧额为( )元。
    A. 5 500　　　　　　B. 9 600　　　　　　C. 6 000　　　　　　D. 4 000

11. 下列各项中，不应通过"固定资产清理"账户进行核算的业务是( )。
    A. 盘亏固定资产　　B. 出售固定资产　　C. 报废固定资产　　D. 毁损固定资产

12. 确实无法支付的应付账款，经批准，应转入( )科目。
    A. "营业外收入"　　B. "营业费用"　　　C. "资本公积"　　　D. "营业外支出"

13. 融资租赁的固定资产，应( )计提折旧。
    A. 由出租方　　　　　　　　　　　　B. 由承租方
    C. 任一方均不　　　　　　　　　　　D. 由双方协商确定一方

14. 无形资产进行摊销时，应该贷记(   )科目。

    A. "无形资产"　　　　　　　　　　B. "累计摊销"

    C. "累计折旧"　　　　　　　　　　D. "无形资产减值准备"

15. 对于增值税一般纳税企业而言，下列税金中，不影响企业净利润的是(   )。

    A. 增值税　　　　　B. 营业税　　　　　C. 土地使用税　　　　D. 城市维护建设税

16. 宏达公司 2×10 年 2 月购入一项专利权，其购买价款为 100 万元，预计使用年限为 10 年，采用直线法摊销。宏达公司与甲公司签订合同将在 5 年后以 20 万元的价格转让给甲公司。则宏达公司 2×11 年该项专利权应摊销的金额为(   )万元。

    A. 10　　　　　　　B. 8　　　　　　　C. 20　　　　　　　D. 16

17. 用"应付票据"核算的票据是(   )。

    A. 商业汇票　　　　B. 银行汇票　　　　C. 银行本票　　　　D. 支票

18. 企业缴纳的(   )不通过"应交税费"账户核算。

    A. 增值税　　　　　B. 房产税　　　　　C. 消费税　　　　　D. 印花税

19. 以收入和费用"是否已发生"而不是"是否已支付"为标准，按归属期来确定本期的收入和费用的原则是(   )。

    A. 收付实现制原则　　B. 配比原则　　　C. 谨慎性原则　　　D. 权责发生制原则

20. 用于购建固定资产的长期借款，在所购建的固定资产交付使用后的利息费用应计入(   )。

    A. 无形资产　　　　B. 库存商品　　　　C. 在建工程　　　　D. 财务费用

二、多项选择题(本题型共 10 题，每题 2 分，共 20 分)

本题型有两个或两个以上的答案，请将你认为正确的选项填入题号对应的空格内。

题号	1	2	3	4	5	6	7	8	9	10
答案										

1. 我国财务会计信息质量要求包括的是(   )。

    A. 持续经营　　　　B. 实质重于形式　　C. 可理解性　　　　D. 相关性

2. 下列各项中，构成工业企业外购存货成本的有(   )。

    A. 买价　　　　　　　　　　　　　B. 小规模纳税企业购进货物支付的增值税

    C. 运杂费　　　　　　　　　　　　D. 运输途中的合理损耗

3. 下列固定资产的相关损失项目，应计入营业外支出的是(   )。

    A. 固定资产清理中发生的清理费用　　B. 企业对外捐赠支出

    C. 出售固定资产的净损失　　　　　　D. 经批准结转的固定资产盘亏净损失

4. 企业缴纳的(   )税金，应计入"税金及附加"科目。

    A. 土地使用税　　　B. 企业所得税　　　C. 房产税　　　　　D. 印花税

5. 下列费用中，属于期间费用的有(   )。

    A. 管理费用　　　　B. 制造费用　　　　C. 销售费用　　　　D. 财务费用

6. 企业持有的债权投资产生的投资收益，包括( )。

    A. 按债权投资票面价值和票面利率计算确定的利息收入

    B. 按债权投资摊余成本和实际利率计算确定的利息收入

    C. 债权投资取得时发生的相关费用

    D. 债权投资处置时所取得对价的公允价值与投资账面价值之间的差额

7. 留存收益属于企业的所有者权益，包括( )。

    A. 盈余公积   B. 未分配利润   C. 实收资本   D. 资本公积

8. 下列各项中，会引起固定资产账面价值发生变化的有( )。

    A. 固定资产经营性出租   B. 计提固定资产减值

    C. 固定资产报废   D. 固定资产日常维修

9. 以下可能产生可抵扣暂时性差异的有( )。

    A. 存货计提减值准备   B. 交易性金融资产发生公允价值变动

    C. 因产品质量保证确认的负债   D. 研发形成无形资产

10. 下列事项中，属于资产负债表日后调整的事项有( )。

    A. 发行股票

    B. 新的证据证明在资产负债表日对长期合同应计收益的估计存在重大误差

    C. 得到新证据已证实资产负债表日资产发生减损

    D. 外汇汇率发生较大变动

三、判断题(本题型共 5 题，每题 1 分，共 5 分)

请将你的判断结果(正确的用"√"表示，错误的用"×"表示)填入题号对应的空格内。

题号	1	2	3	4	5
判断结果					

1. 在任何情况下，企业都不准坐支现金。

2. 未达账项是错账的一种表现形式。

3. 企业内部研究开发项目开发阶段的支出，可能确认为无形资产，也可能确认为费用。

4. 小规模纳税企业不论是否取得增值税专用发票，其支付的增值税都不得从销项税中抵扣。

5. 企业对于无法合理确定使用寿命的无形资产，应将其成本在不超过 10 年的期限内摊销。

四、名词解释(每题 3 分，共 6 分)

1. 会计要素

2. 销售折让

五、简答题(每题 6 分，共 12 分)

1. 什么是现金折扣，企业会计准则规定应如何对现金折扣进行会计处理？

2. 什么是存货，存货主要有哪些？

六、业务题(本题型共 3 题，37 分)

1. (13 分)某公司 2×10 年 12 月 1 日"应收账款"账户的余额为 672 000 元，"坏账准备"账户的余额为 3360 元。2×10 年 12 月发生如下业务：

(1) 收到 A 公司交来偿还其上年所欠货款的票据一张，票面金额为 6 000 元，60 天到期。

(2) 收回已作为坏账核销的 B 公司的应收账款 2 760 元。

(3) 应收 C 公司货款 1 800 元因故不能收回，经批准转为坏账。

(4) 因缺少资金，该公司将 A 公司的票据向银行贴现(附追索权)，贴现率为 10%，贴现天数为 60 天，所得金额已存银行。

(5) A 公司资金周转不灵，票据到期无力支付。

(6) 年末按应收账款余额百分比法估计坏账准备，坏账损失预计为 0.5%。

要求：根据上述业务进行账务处理。

2. (13 分)A 公司 2×05 年 10 月 21 日购入一台需要安装的生产设备，取得的增值税专用发票上注明：买价为 30 万元，增值税为 3.9 万元，款项已用银行存款支付。该设备安装过程中，领用生产用原材料 5 万元(不含增值税)，增值税转出额为 0.65 万元；应负担安装人员工资费用 3 万元，2×05 年 12 月 23 日安装完毕并立即交付使用。该固定资产预计使用 4 年，按直线法计提折旧，不考虑预计净残值。2×07 年 12 月 31 日对该项固定资产进行减值测试，其可收回金额为 15 万元。假定不发生其他相关税费，金额单位用万元表示，"应交税费"科目必须列示明细科目。

要求为 A 公司编制以下业务的会计分录：

(1) 购入设备时；

(2) 安装设备时；

(3) 设备安装完毕交付使用时；

(4) 2×06 年计提折旧；

(5) 2×07 年计提减值准备。

3. (11 分)企业 2×08 年 12 月 18 日销售 A 商品一批，售价 50 000 元，增值税税率为 13%，成本 26 000 元。合同规定现金折扣条件为"2/10，1/20，n/30"。买方于 12 月 27 日付款。假设计算现金折扣时不考虑增值税。

要求：

(1) 编制销售过程和收款过程的会计分录；

(2) 如果该批产品于 2×09 年 5 月 10 日被退回(非资产负债表日后事项)，编制销售退回的会计分录。

《企业财务会计》模拟考试题(四)

(考试时间：90 分钟　满分：100 分)

题号	一	二	三	四	五	六	总分
得分							

一、单项选择题(本题型共 20 题，每题 1 分，共 20 分)

请将你认为正确的选项填入题号对应的空格内。

题号	1	2	3	4	5	6	7	8	9	10
答案										
题号	11	12	13	14	15	16	17	18	19	20
答案										

1. 下列项目中，能同时影响资产和负债发生变化的是(　　)。

　A. 投资者投入设备　B. 支付现金股利　　C. 收回应收账款　　D. 支付股票股利

2. 资产按照购置资产时所付出的对价的公允价值计量，其会计计量属性是(　　)。

　A. 重置价值　　　　B. 可变现净值　　　C. 历史成本　　　　D. 公允价值

3. 企业应当按照交易或者事项的经济实质进行会计确认、计量和报告，不应仅以交易或者事项的法律形式为依据，其会计信息质量要求是(　　)。

　A. 重要性　　　　　B. 实质重于形式　　C. 谨慎性　　　　　D. 及时性

4. 银行汇票存款属于(　　)。

　A. 银行存款　　　　B. 其他应收款　　　C. 其他货币资金　　D. 应收票据

5. 企业现金清查中，无法查明原因的现金短款，经批准后计入(　　)。

　A. 管理费用　　　　B. 财务费用　　　　C. 销售费用　　　　D. 营业外支出

6. 下列不属于金融资产的是(　　)。

　A. 固定资产　　　　B. 交易性金融资产　C. 债权投资　　　　D. 其他债权投资

7. 甲公司 2×07 年 1 月 10 日从证券市场上购入债券 10 万张，每张购买价格 102 元(含已付息期但尚未领取的利息 2 元)，另发生相关交易费用 2 万元。甲公司将其划分为交易性金融资产，则该交易性金融资产入账价值为(　　)万元。

　A. 1 020　　　　　　B. 1 000　　　　　　C. 1 002　　　　　　D. 1 022

8. 2×06 年 12 月 31 日，甲公司库存材料的账面价值(成本)为 400 万元，市场购买价格为 380 万元，假设不发生其他购买费用，用库存材料生产的产品的可变现净值为 600 万元，产品的成本为 590 万元，则材料的价值为(　　)万元。

　A. 380　　　　　　　B. 600　　　　　　　C. 400　　　　　　　D. 590

9. 同一控制下企业合并形成的长期股权投资初始投资成本为(   )。

　　A. 合并日按照取得被合并方所有者权益账面价值的份额

　　B. 合并日按照取得被合并方所有者权益公允价值的份额

　　C. 合并时按照确定的企业合并成本

　　D. 以上都不对

10. 某设备的原价为 80 000 元，预计使用年限 5 年，预计净残值 5 000 元，按年数总和法计提折旧。该设备在第 3 年应计提的折旧额为(   )元。

　　A. 30 000　　　　　B. 10 000　　　　　C. 15 000　　　　　D. 5 000

11. 下列固定资产中，应计提折旧的是(   )。

　　A. 未提足折旧提前报废的设备　　　　　B. 闲置的设备

　　C. 已提足折旧继续使用的设备　　　　　D. 经营租入的设备

12. 企业出售无形资产发生的净损失，应计入(   )。

　　A. 主营业务成本　　B. 其他业务成本　　C. 管理费用　　　D. 营业外支出

13. 下列不属于货币性资产的是(   )。

　　A. 应收账款　　　　　　　　　　　　　B. 应收票据

　　C. 准备持有至到期投资　　　　　　　　D. 无形资产

14. 金融资产减值计提时，应借记(   )科目。

　　A. "营业外支出"　　　　　　　　　　　B. "管理费用"

　　C. "信用减值损失"　　　　　　　　　　D. "资产减值损失"

15. 计提的职工福利费用应计入(   )科目。

　　A. "应付职工薪酬"　　　　　　　　　　B. "其他应付款"

　　C. "其他应付账款"　　　　　　　　　　D. "应交税费"

16. 委托加工应税消费品(非金银首饰)收回后用于连续生产应税消费品，其由受托方代缴的消费税，应计入(   )账户。

　　A. "委托加工物资"　　　　　　　　　　B. "税金及附加"

　　C. "应交税费"　　　　　　　　　　　　D. "管理费用"

17. 下列项目中，应当作为财务费用处理的是(   )。

　　A. 购货方获得的现金折扣　　　　　　　B. 购货方获得的商业折扣

　　C. 购货方获得的销售折让　　　　　　　D. 购货方放弃的现金折扣

18. 下列项目中，属于其他业务收入的是(   )。

　　A. 罚款收入　　　　　　　　　　　　　B. 出售固定资产收入

　　C. 出售无形资产收入　　　　　　　　　D. 销售材料收入

19. 预付账款科目明细账中若有贷方余额，应计入资产负债表的(   )。

　　A. 应收账款　　　　B. 预收账款　　　　C. 预付账款　　　　D. 应付账款

20. 支付给在建工程人员工资应属于(   )现金流量。

　　A. 经营活动　　　　B. 投资活动　　　　C. 筹资活动　　　　D. 以上都有可能

二、多项选择题(本题型共 10 题，每题 2 分，共 20 分)

本题型有两个或两个以上的答案，请将你认为正确的选项填入题号对应的空格内。

题号	1	2	3	4	5	6	7	8	9	10
答案										

1. 下列属于会计信息质量要求的是( )。
   A. 可靠性　　　　　　B. 相关性　　　　　　C. 谨慎性　　　　　　D. 重要性

2. 下列属于会计要素计量属性的是( )。
   A. 历史成本　　　　　B. 重置成本　　　　　C. 公允价值　　　　　D. 货币计量

3. 下列属于金融资产的有( )。
   A. 应收账款　　　　　B. 交易性金融资产　　C. 债权投资　　　　　D. 其他债权投资

4. 下列长期股权投资中应采用权益法核算的是( )。
   A. 具有控制关系　　　　　　　　　　　B. 具有共同控制关系
   C. 具有重大影响关系　　　　　　　　　D. 具有无共同控制、重大影响关系

5. 某企业购入的一项设备作为固定资产使用，其入账价值包括( )。
   A. 买价　　　　　　　B. 运杂费　　　　　　C. 增值税　　　　　　D. 途中保险费

6. 下列各项中，按规定应计入营业外支出的是( )。
   A. 无形资产出售净损失　　　　　　　　B. 固定资产出售净损失
   C. 捐赠支出　　　　　　　　　　　　　D. 坏账损失

7. 下列属于经营活动现金流量的是( )。
   A. 收取应收账款　　　B. 出售固定资产　　　C. 支付购货款　　　　D. 支付广告费

8. 下列属于工业企业其他业务成本核算内容的有( )。
   A. 随同产品出售单独计价的包装物的成本
   B. 出租无形资产支付的服务费
   C. 投资性房地产计提的折旧或摊销
   D. 出售无形资产结转的无形资产的摊余价值

9. 以下会造成本期所得税费用大于当期应交所得税的有( )。
   A. 递延所得税负债贷方发生额
   B. 递延所得税资产贷方发生额
   C. 递延所得税负债借方发生额
   D. 无暂时性差异，但是发生了不得税前扣除的费用

10. 关于投资性房地产的后续计量，下列说法中正确的有( )。
    A. 采用公允价值模式计量的，不对投资性房地产计提折旧或进行摊销
    B. 采用成本模式计量的，应对投资性房地产计提折旧或进行摊销
    C. 已采用公允价值模式计量的投资性房地产，不得从公允价值模式转为成本模式
    D. 已采用成本模式计量的投资性房地产，不得从成本模式转为公允价值模式

三、判断题(本题型共 5 题，每题 1 分，共 5 分)

请将你的判断结果(正确的用"√"表示，错误的用"×"表示)填入题号对应的空格内。

题号	1	2	3	4	5
判断结果					

1. 企业用盈余公积弥补亏损，会使企业的留存收益减少。
2. 企业初始确认金融资产，应当按照公允价值计量，相关交易费用应当直接计入当期损益。
3. 固定资产减值损失一经确认，在以后期间不得转回。
4. 由于银行存款余额调节表主要用来核对企业与银行双方的记账有无差错，因此可以作为记账的依据。
5. 利得是指企业日常活动所形成的，会导致所有者权益增加的，与所有者投入资本无关的经济利益的流入。

四、名词解释(每题 3 分，共 6 分)

1. 会计假设
2. 成本与可变现净值孰低法

五、简答题(每题 6 分，共 12 分)

1. 简述固定资产的分类。
2. 什么是无形资产，无形资产主要有哪些？

六、业务题(本题型共 3 题，37 分)

1. (9 分)甲公司 2×08 年 1 月 10 日，以银行存款 800 万元取得乙公司 30%的股权，甲公司能够对乙公司施加重大影响。取得投资时被投资单位可辨认净资产账面价值 3 110 万元，其公允价值为 2 800 万元。产生差异的原因系一项固定资产，该固定资产于 2×06 年 12 月 20 日取得，入账价值为 1 000 万元，预计残值率 10%，预计使用年限为 10 年，采用直线法计提折旧；2×08 年 1 月 10 日，该固定资产的公允价值为 600 万元，其未来使用年限和预计净残值率保持不变。2×08 年，乙公司实现净利润 500 万元。假定不考虑所得税，其他因素不予考虑。

要求：

(1) 编写 2×08 年 1 月 10 日取得长期股权投资会计分录；(3 分)

(2) 计算 2×08 年度应确认的投资收益，并写出其会计分录。(6 分)

2. (15 分)甲公司为建造一条生产线，2×07 年 3 月 10 日购入设备 A、设备 B 及安装材料，取得增值税专用发票，价款依次为 100 000 元、200 000 元、50 000 元，增值税为 45 500 元，款项已付。2×07 年 3 月 15 日，设备 A、设备 B 投入安装，领用安装材料 80%。另外，领用的生产用原材料成本 10 000 元，原抵扣进项税额 1 300 元，应付安装人员工资 10 000 元。2×07 年 9 月 30 日，生产线建造完毕，达到预定使用状态并投入使用，预计使用年限 4 年，预计净残值率 10%，采用年数总和法计提折旧。

要求：

(1) 编写 2×07 年 3 月 10 日购入设备 A、设备 B 及安装材料的会计分录；

(2) 编写 2×07 年 3 月 15 日设备 A、设备 B 投入安装及领用安装材料的会计分录；

(3) 编写安装过程中领用生产用材料及应付安装工人工资的会计分录；

(4) 计算生产线达到预定使用状态的建造成本并编写投入使用的会计分录；

(5) 计算 2×07 年折旧额并编写计提折旧会计分录。

3. (13 分) 甲公司为增值税一般纳税人，培训服务适用增值税税率为 6%。2×09 年 12 月 1 日，与乙公司签订了一项为期 6 个月的培训合同，合同不含税总价款为 100 000 元。当日收到总价款的 50%。截至年末，甲公司累计发生培训成本 20 000 元，假定全部为人员薪酬，估计未来还将发生培训成本 30 000 元，履约进度按照已发生的成本占估计总成本的比例确定。增值税纳税义务确认收入时产生。

要求：编写以上业务相关会计分录。

《企业财务会计》模拟考试题(五)

(考试时间：90 分钟　满分：100 分)

题号	一	二	三	四	五	六	总分
得分							

一、单项选择题(本题型共 20 题，每题 1 分，共 20 分)

请将你认为正确的选项填入题号对应的空格内。

题号	1	2	3	4	5	6	7	8	9	10
答案										
题号	11	12	13	14	15	16	17	18	19	20
答案										

1. 依据企业会计准则的规定，下列有关收入和利得的表述中，正确的是(　　)。

   A. 收入会影响利润，利得也一定会影响利润

   B. 收入源于日常活动，利得源于非日常活动

   C. 收入会导致经济利益的流入，利得不一定会导致经济利益的流入

   D. 收入会导致所有者权益的增加，利得不一定会导致所有者权益的增加

2. 企业库存现金的限额一般按照(　　)方法确定。

   A. 满足单位 3～5 天日常零星开支　　　　B. 满足单位 7 天日常零星开支

   C. 满足单位 15 天日常零星开支　　　　　D. 每天库存余额不超过 1 000 元

3. 东方公司采用成本与可变现净值孰低计量期末存货，按单项存货计提存货跌价准备。2×11 年 12 月 31 日，东方公司库存 A 材料的成本为 35 万元，该批材料专门用于加工生产甲产品，预计加工完成该产品尚需发生加工费用 11 万元，预计甲产品不含增值税的销售价格为 50 万元，销售费用为 6 万元。假定该库存材料未计提存货跌价准备，不考虑其他因素。2×11 年 12 月 31 日，东方公司库存 A 材料应计提的存货跌价准备为(   )万元。

    A. 15　　　　　　　　B. 9　　　　　　　　C. 4　　　　　　　　D. 2

4. 企业以一笔款项购入多项没有单独标价的固定资产，各项固定资产的成本应当按(   )。

    A. 各项固定资产的公允价值确定

    B. 各项同类固定资产的历史成本确定

    C. 各项同类固定资产的历史成本比例对总成本进行分配后确定

    D. 各项固定资产的公允价值比例对总成本进行分配后确定

5. 下列项目中，属于投资性房地产的是(   )。

    A. 自用的房地产

    B. 房地产开发企业在正常经营活动中销售的或为销售而正在开发的商品房和土地

    C. 已出租的建筑物

    D. 出租给本企业职工居住的宿舍

6. 下列各项中，影响企业当期损益的有(   )。

    A. 采用公允价值模式计量的投资性房地产，资产负债表日的公允价值变动

    B. 其他债权投资期末公允价值低于账面价值

    C. 其他债权投资期末公允价值高于账面价值

    D. 将自用的土地使用权转换为采用公允价值模式计量的投资性房地产，转换日公允价值高于账面价值

7. 2×07 年 1 月，甲公司取得 B 公司 5%的股权，采用成本法核算。B 公司于 2×07 年 3 月宣告派发 2×06 年度现金股利，甲公司对该现金股利的会计处理是(   )。

    A. 确认资本公积　　　　　　　　　　B. 冲减财务费用

    C. 确认投资收益　　　　　　　　　　D. 冲减投资成本

8. 预付账款不多的企业，可以不设"预付账款"科目，而将预付的款项计入(   )。

    A. "应收账款"科目的借方　　　　　　B. "应收账款"科目的贷方

    C. "应付账款"科目的借方　　　　　　D. "应收账款"科目的贷方

9. 2×10 年 1 月 2 日，甲公司以货币资金 2 000 万元取得乙公司 30%的股权，投资时乙公司各项可辨认资产、负债的公允价值与其账面价值相同，可辨认净资产公允价值及账面价值的总额均为 7 000 万元。甲公司取得投资后即派人参与乙公司生产经营决策，但无法对乙公司实施控制。乙公司 2×10 年实现净利润 500 万元。假定不考虑所得税因素，该项投资对甲公司 2×10 年度损益的影响金额为(   )万元。

    A. 50　　　　　　　　B. 100　　　　　　　　C. 150　　　　　　　　D. 250

10. 长期股权投资发生下列事项时，不能确认当期损益的是(　　)。

　　A. 权益法核算下，被投资单位实现净利润时投资方确认应享有的份额

　　B. 成本法核算下，被投资单位分配的现金股利中属于投资企业分得的部分

　　C. 收到分派的股票股利

　　D. 处置长期股权投资时，处置收入大于长期股权投资账面价值的差额

11. 存货采用先进先出法计价的情况下，如果物价上涨，将会使企业(　　)。

　　A. 期末存货升高，当期利润减少　　　　B. 期末存货升高，当期利润增加

　　C. 期末存货降低，当期利润增加　　　　D. 期末存货降低，当期利润减少

12. 某企业 2×05 年 12 月 26 日购入一项固定资产。该固定资产原价为 500 万元，预计使用年限为 5 年，预计净残值为 5 万元，按双倍余额递减法计提折旧。该固定资产 2×06 年应计提的折旧额是(　　)万元。

　　A. 100　　　　　　B. 120　　　　　　C. 91　　　　　　D. 200

13. 企业缴纳的下列税金中，不需要通过"应交税金"科目核算的是(　　)。

　　A. 所得税　　　　B. 印花税　　　　C. 增值税　　　　D. 消费税

14. 收入和支出的核算原则上应采用(　　)。

　　A. 实地盘点制　　　B. 永续盘存制　　　C. 收付实现制　　　D. 权责发生制

15. 对于在合同中规定了买方有权退货条款的销售，如无法合理确定退货的可能性，则符合商品销售收入确认条件的时点是(　　)。

　　A. 发出商品时　　　　　　　　　　　B. 收到货款时

　　C. 签订合同时　　　　　　　　　　　D. 买方正式接受商品或退货期满时

16. 甲股份有限公司于 2×10 年 1 月 1 日发行 3 年期，每年 1 月 1 日付息、到期一次还本的公司债券，债券面值为 400 万元，票面年利率为 5%，实际利率为 6%，发行价格为 384.65 万元。按实际利率法确认利息费用。该债券 2×11 年度确认的利息费用为(　　)万元。

　　A. 23.08　　　　　B. 22　　　　　　C. 20　　　　　　D. 23.26

17. 企业接受的现金捐赠，应计入(　　)。

　　A. 营业外收入　　　B. 盈余公积　　　C. 资本公积　　　D. 未分配利润

18. 根据企业会计准则规定，下列各项中，不属于或有事项的是(　　)。

　　A. 未决诉讼或未决仲裁　　　　　　　B. 重组义务

　　C. 未来经营亏损　　　　　　　　　　D. 环境污染治理

19. 甲公司与客户签订合同，向其销售 A、B 两件产品，合同价款为 120 000 元。A、B 产品的单独售价分别为 60 000 元和 90 000 元，上述价格均不包含增值税。不考虑其他因素，A 产品应当分摊的交易价格为(　　)元。

　　A. 48 000　　　　　B. 60 000　　　　C. 90 000　　　　D. 75 000

20. 下列不属于从税后利润中分配的项目是(　　)。

　　A. 资本公积　　　B. 法定盈余公积　　　C. 任意盈余公积　　　D. 现金股利

二、多项选择题(本题型共 10 题，每题 2 分，共 20 分)

本题型有两个或两个以上的答案，请将你认为正确的选项填入题号对应的空格内。

题号	1	2	3	4	5	6	7	8	9	10
答案										

1. 下列各项中，通过"其他货币资金"科目核算的是(   )。
   - A. 信用证存款
   - B. 银行汇票存款
   - C. 备用金
   - D. 银行本票存款

2. 商业汇票按照承兑人的不同分为(   )两种。
   - A. 商业承兑汇票
   - B. 银行承兑汇票
   - C. 银行汇票
   - D. 支票

3. 下列各项中，在购入交易性金融资产时不应计入其入账价值的有(   )。
   - A. 买入价
   - B. 支付的手续费
   - C. 支付的印花税
   - D. 已到付息期但尚未领取的利息

4. 下列各项费用中，不应计入产品生产成本的有(   )。
   - A. 销售费用
   - B. 管理费用
   - C. 财务费用
   - D. 制造费用

5. 下列项目中，属于在某一时段内履行的履约义务的有(   )。
   - A. 客户在企业履约的同时即取得并消耗企业履约所带来的经济利益
   - B. 客户能够控制企业履约过程中在建的商品
   - C. 企业履约过程中所产出的商品具有不可替代用途，且该企业在整个合同期间内有权就累计至今已完成的履约部分收取款项
   - D. 销售商品收到现金

6. 下列金融资产中，应按公允价值进行后续计量的有(   )。
   - A. 交易性金融资产
   - B. 债权投资
   - C. 贷款和应收款项
   - D. 其他债权投资

7. 借款费用开始资本化必须同时满足的条件包括(   )。
   - A. 资产支出已经发生
   - B. 借款费用已经发生
   - C. 为使资产达到预定可使用或者可销售状态所必要的购建或者生产活动已经开始
   - D. 工程项目人员工资支出

8. 下列各项中，影响企业营业利润的有(   )。
   - A. 管理费用
   - B. 财务费用
   - C. 所得税费用
   - D. 主营业务成本

9. 资产负债表中，"应收账款"项目应根据(   )填列。
   - A. 应收账款明细账户借方余额
   - B. 应收账款明细账户贷方余额
   - C. 预收账款明细账户借方余额
   - D. 预收账款明细账户贷方余额

10. 下列各项中，影响营业利润的有(   )。
   - A. 资产减值损失
   - B. 投资收益
   - C. 公允价值变动损益
   - D. 营业外收入

三、判断题(本题型共5题，每题1分，共5分)

请将你的判断结果(正确的用"√"表示，错误的用"×"表示)填入题号对应的空格内。

题号	1	2	3	4	5
判断结果					

1. 用于出租或增值目的的土地使用权应确认为无形资产。
2. 企业对其他单位投资能够控制被投资单位的，对该项投资应采用成本法核算。
3. 企业在确认商品销售收入后发生的销售折让，应在实际发生时冲减收入，不调整成本。
4. 企业采用预收款销售方式销售商品时，其收入的确认时间为收到货款时。
5. 用法定盈余公积转增资本或弥补亏损时，均不导致所有者权益总额的变化。

四、名词解释(每题3分，共6分)

1. 长期股权投资权益法
2. 资本公积

五、简答题(每题6分，共12分)

1. 简述收入确认和计量的步骤。
2. 什么是财务报告？主要的财务报告有哪些？

六、业务题(本题型共3题，37分)

1. (13分)某企业为建造一栋厂房，2×07年1月1日借入期限为两年的长期专门借款1 000 000元，款项已存入银行。借款利率为9%，每年付息一次，期满后一次还清本金。2×07年年初，以银行存款支付工程价款共计600 000元，2×08年年初又以银行存款支付工程费用400 000元。该厂房于2×08年8月底完工，达到预定可使用状态。假定不考虑闲置专门借款资金存款的利息收入或者投资收益。

要求：

(1) 编写2×07年1月1日取得借款会计分录；
(2) 编写2×07年12月31日计算并支付利息的会计分录；
(3) 编写2×08年8月底完工的会计分录；
(4) 编写2×08年12月31日计算并支付利息的会计分录；
(5) 编写2×09年1月1日偿还借款的会计分录。

2. (11分)2×09年5月10日，甲公司支付价款2 120 000元从二级市场购入乙公司发行的股票200 000股，每股价格10.6元(含已宣告但尚未发放的现金股利0.6元)，另支付交易费用20 000元。甲公司将持有的乙公司股权划分为其他权益工具投资，且持有乙公司股权后对其无重大影响。

甲公司其他相关资料如下：

(1) 2×09年5月23日，收到乙公司发放的现金股利；

(2) 2×09 年 6 月 30 日，乙公司股票价格涨到每股 13 元；

(3) 2×09 年 12 月 31 日，乙公司股票价格涨到每股 15 元；

(4) 2×10 年 1 月 15 日，将持有的乙公司股票全部售出，每股售价 16 元。甲公司按净利润 10%计提法定盈余公积。

要求：假定不考虑其他因素，编制甲公司相关的会计分录。

3. (13 分)甲公司于 2×07 年 1 月 1 日动工兴建一栋办公楼，工期 1 年，工程采用出包方式建设，分别于 2×07 年 1 月 1 日、7 月 1 日和 10 月 1 日支付工程进度款 3 000 万元、6 000 万元和 2 000 万元。办公楼于 2×07 年 12 月 31 日完工，达到预定可使用状态。

公司为建造办公楼发生两笔专门借款，分别为：

(1) 2×07 年 1 月 1 日专门借款 4 000 万元，借期 3 年，年利率 8%，利息按年支付，到期还本；

(2) 2×07 年 7 月 1 日专门借款 4 000 万元，借期 5 年，年利率 10%，利息按年支付，到期还本。

闲置专门借款资金均用于固定收益债券短期投资，假定该短期投资月收益率为 0.5%，已收到并存入银行。

公司为建造办公楼的支出总额 11 000 万元。假定所占用一般借款有两笔：

(1) 2×06 年 1 月 1 日向 A 银行借款 4 000 万元，借期 3 年，年利率 6%，利息按年支付，到期还本；

(2) 2×06 年 1 月 1 日发行公司债券专门借款 12 000 万元，期限 5 年，年利率 8%，利息按年支付，到期还本。

要求：计算借款费用应予资本化金额，并写出会计分录。

参 考 文 献

[1] 中国注册会计师协会. 会计[M]. 北京：中国财政经济出版社，2021.

[2] 王宗江，张洪波. 财务会计[M]. 北京：高等教育出版社，2016.

[3] 财政部会计资格评价中心. 中级会计实务[M]. 北京：经济科学出版社，2021.

[4] 财政部会计资格评价中心. 初级会计实务[M]. 北京：中国财政经济出版社，2021.

[5] 李海波，刘学华. 财务会计[M]. 上海：立信会计出版社，2012.

[6] 王华，石本仁. 中级财务会计[M]. 北京：中国人民大学出版社，2017.

[7] 赵智全. 中级财务会计[M]. 上海：立信会计出版社，2010.

[8] 高翠莲. 企业财务会计[M]. 北京：高等教育出版社，2021.

[9] 刘红岩，丁希宝. 初级会计学[M]. 上海：立信会计出版社，2007.